MADAULE

GIVRÉS !

LA GENÈSE

sandawe.com

L'éditeur BD, c'est vous !

ICI PROCHAINEMENT
GLAÇONNERIE

Ce livre est un supplément à l'album de bande dessinée «Les Givrés (Carrément l'intégrale)», par Madaule, paru aux éditions Sandawe.

http://www.sandawe.com/fr/projets-auto-finances/les-givres

Il peut être acheté en version numérique sur shop.sandawe.com et être commandé en version papier sur Amazon.

ISBN 978-2-39014-139-6

http://www.sandawe.com
http://www.facebook.com/sandawe
contact@sandawe.com
Editions Sandawe
431, Chaussée de Louvain, bât F, bte 1,
B-1380 Lasne
Belgique

Introduction

Il y a des séries qui naissent suite à une envie, un sujet qui nous tombe ou tout simplement une commande. D'autres sont des séries d'une vie. C'est à dire les séries que l'auteur ne lâche jamais.

Elles apparaissent un jour, en général sur la pointe des pieds. Et puis, petit à petit elles prennent forme. Elles évoluent, elles se transforment. Elles changent de nom, de héros.

Elles naissent sur quelques feuilles où on les torture, on les malaxe. Un jour, elles sont publiées dans un fanzine fait de bric et de broc. Une autre fois, elles trouvent leur place dans de belles revues, voire en album. «Les Givrés» font partie de celles-là.

Je vais vous raconter toutes les transformations qu'ont subies les Givrés pour en arriver à ce que vous voyez aujourd'hui.

Bruno Madaule

Les cochons

C'est au siècle dernier (eh oui !), au milieu des années 90, qu'est apparu « l' embryon » des Givrés. Embryon car, à l'époque, on n'y retrouvait ni les héros, ni le lieu, ni le ton des Givrés d'aujourd'hui.
En effet, les héros de la série sont des cochons ! La forme est toujours le gag, mais en strips ou demi-pages. Et le ton se voulait plus engagé.
Bref, ça n'avait rien à voir avec nos Givrés, et pourtant c'est bien là qu'ils sont nés. Un petit album fabriqué par mes soins est sorti, qui fut distribué pendant les festivals de BD.

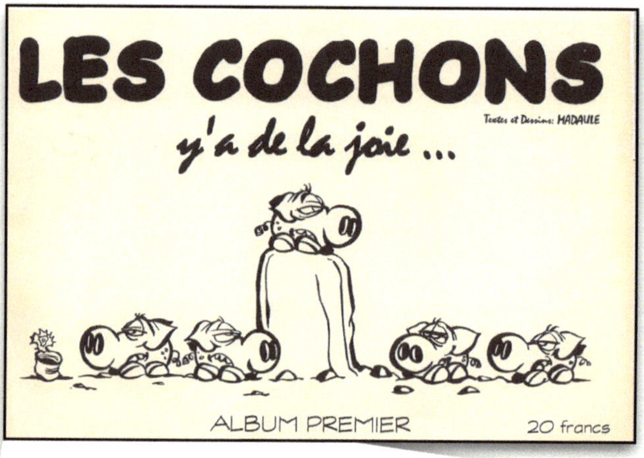
LES COCHONS
Textes et Dessins: MADAULE
y'a de la joie ...
ALBUM PREMIER
20 francs

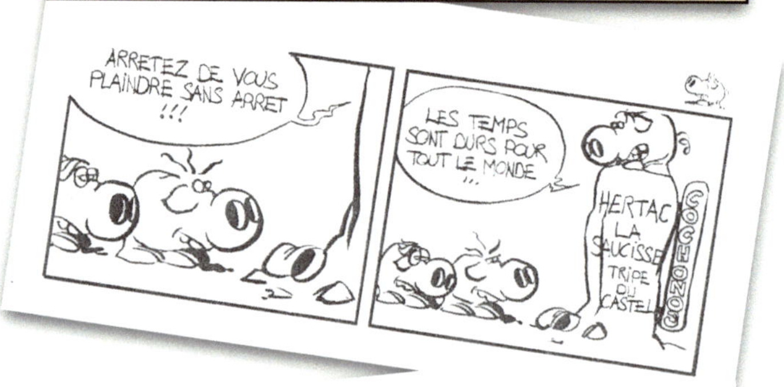
ARRETEZ DE VOUS PLAINDRE SANS ARRET !!!
LES TEMPS SONT DURS POUR TOUT LE MONDE ...
HERTAC LA SAUCISSE TRIPE DU CASTEL
COCHONOZ

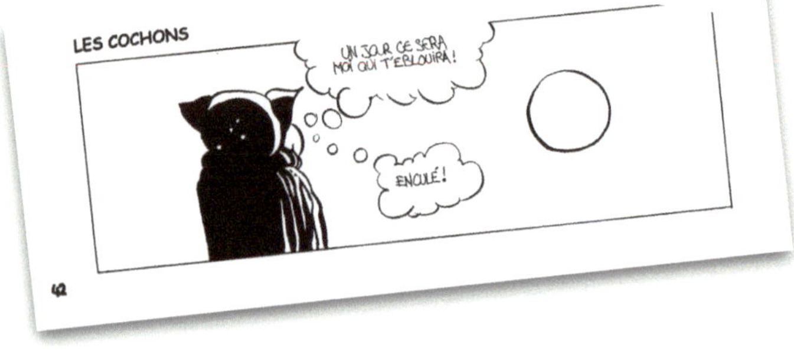
LES COCHONS
UN JOUR CE SERA MOI QUI T'EBLOUIRA !
ENCULÉ !
42

Ces cochons, au début, étaient dessinés au pinceau et en noir et blanc. Avec les progrès de l'informatique (découverte de Photoshop 3 !) et des photocopieurs, ils passèrent rapidement à la couleur.

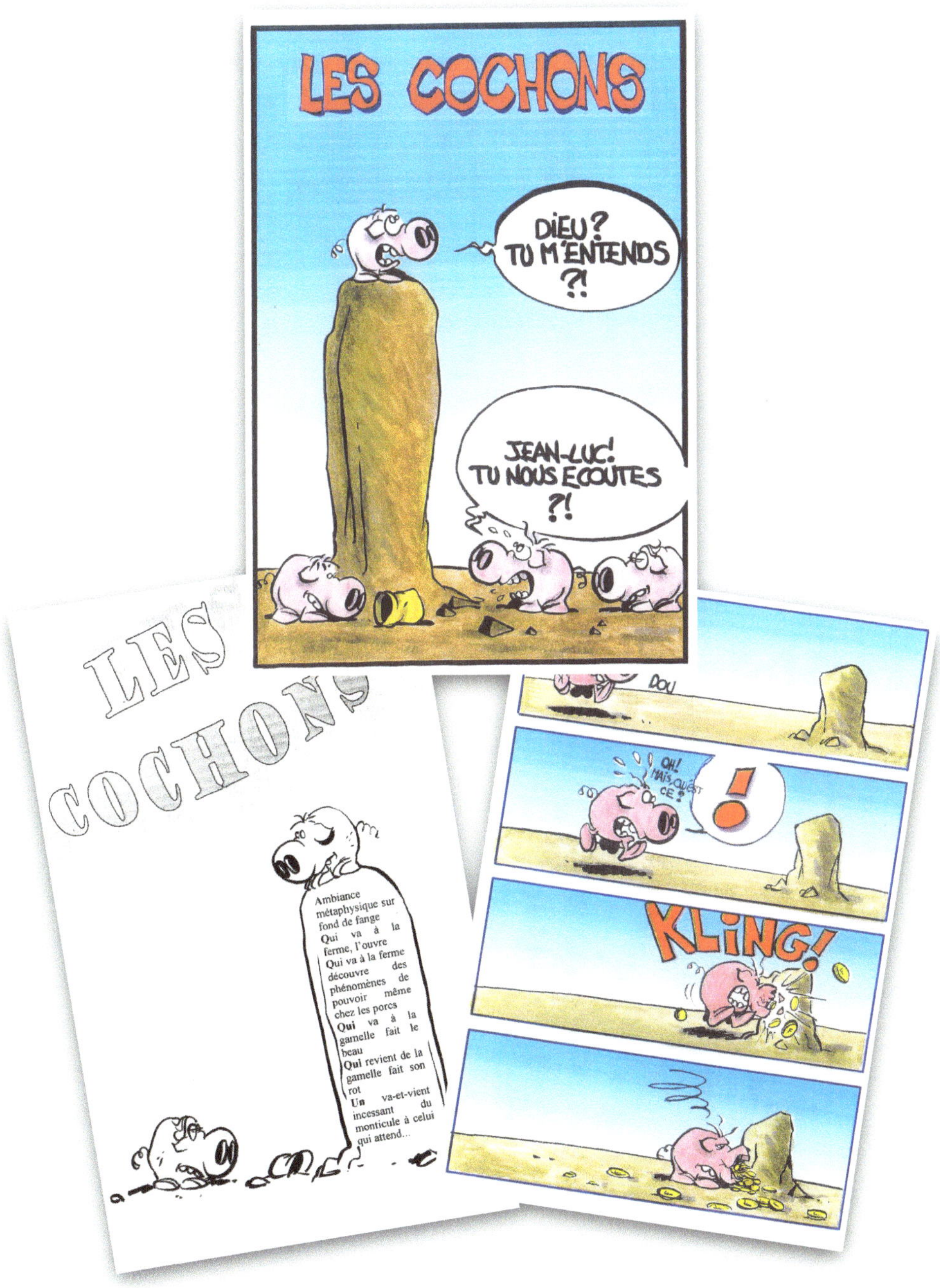
LES COCHONS
DIEU? TU M'ENTENDS ?!
JEAN-LUC! TU NOUS ECOUTES ?!
LES COCHONS
Ambiance métaphysique sur fond de fange
Qui va à la ferme, l'ouvre
Qui va à la ferme découvre des phénomènes de pouvoir même chez les porcs
Qui va à la gamelle fait le beau
Qui revient de la gamelle fait son rot
Un va-et-vient incessant du monticule à celui qui attend...
DOU
OH! MAIS QU'EST CE?
!
KLING!

Du pinceau, la série passa à la plume, lui permettant une meilleure assurance dans le trait.
Le nom de la série, lui, changea de « Les Cochons » à « Groink ! ».
Quelques gags en une page commencèrent à apparaître.

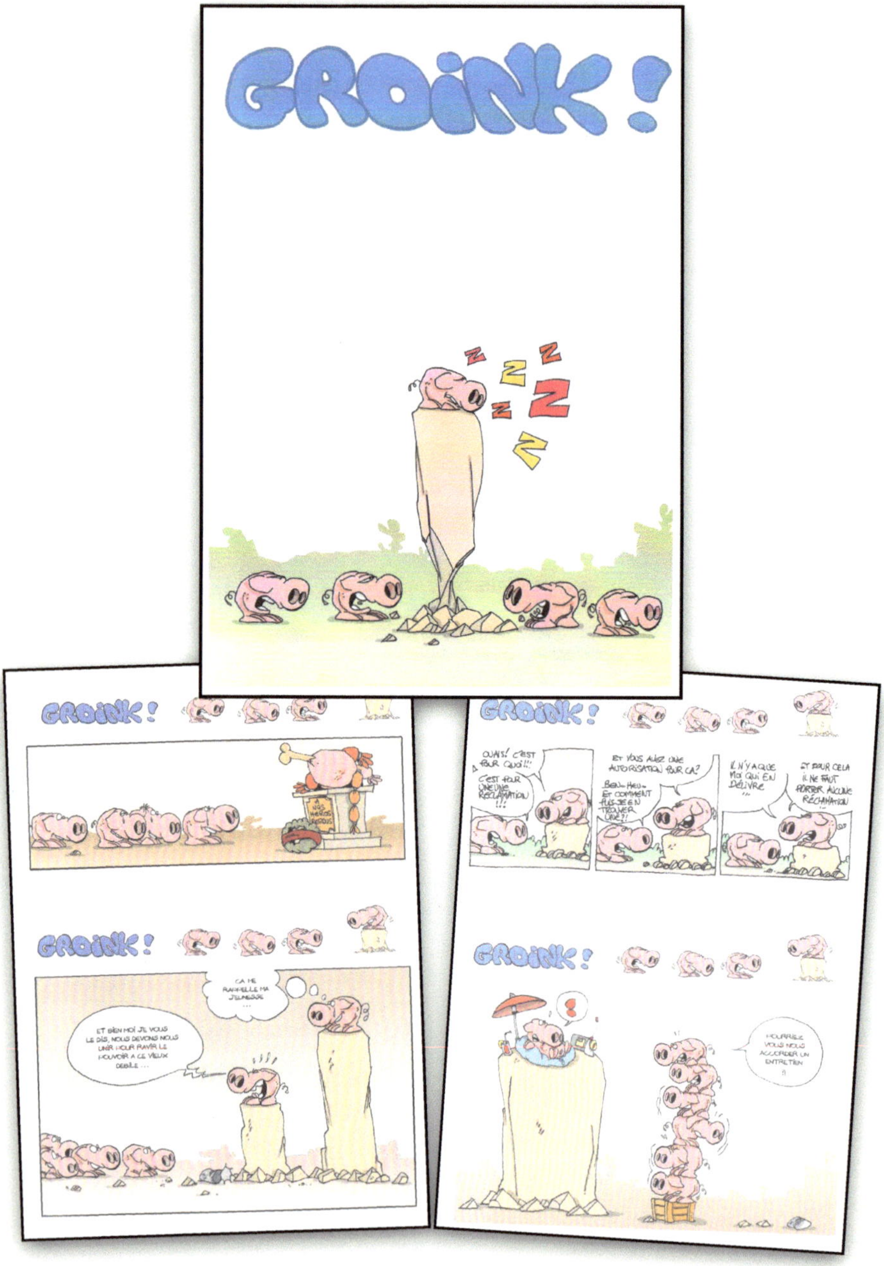
GROINK !
GROINK !
GROINK !
ET BIEN MOI JE VOUS LE DIS, NOUS DEVONS NOUS UNIR HOUR RAVIR LE HOUVOIR A CE VIEUX DEBILE ...
CA ME RAPPELLE MA JEUNESSE ...
GROINK !
OUAIS! C'EST POUR QUOI!!!
C'EST POUR UNE UNE RECLAMATION !!!
ET VOUS AVEZ UNE AUTORISATION POUR CA?
BEN... HEU... ET COMMENT PUIS-JE EN TROUVER UNE?!
IL N'Y A QUE MOI QUI EN DÉLIVRE ...
ET POUR CELA IL NE FAUT PORTER AUCUNE RÉCHAMATION ...
GROINK !
HOURRIEZ VOUS NOUS ACCORDER UN ENTRETIEN !!

Lors d'une soirée, un copain, voyant quelques dessins des cochons traîner sur mon bureau, me dit « Ouhaou ! Ils sont trop chouettes, tes pingouins ! »
Je ne sais plus s'il rigolait ou si c'est moi qui avais mal entendu, en tout cas, on devait être sérieusement « fatigués ».
Toujours est-il que c'est à partir de ce moment-là que mes cochons se transformèrent !
A partir de maintenant, la série portera sur des pingouins !
Et les gags seront sur une page.
Commence une première version, bec de poule et tout noir.

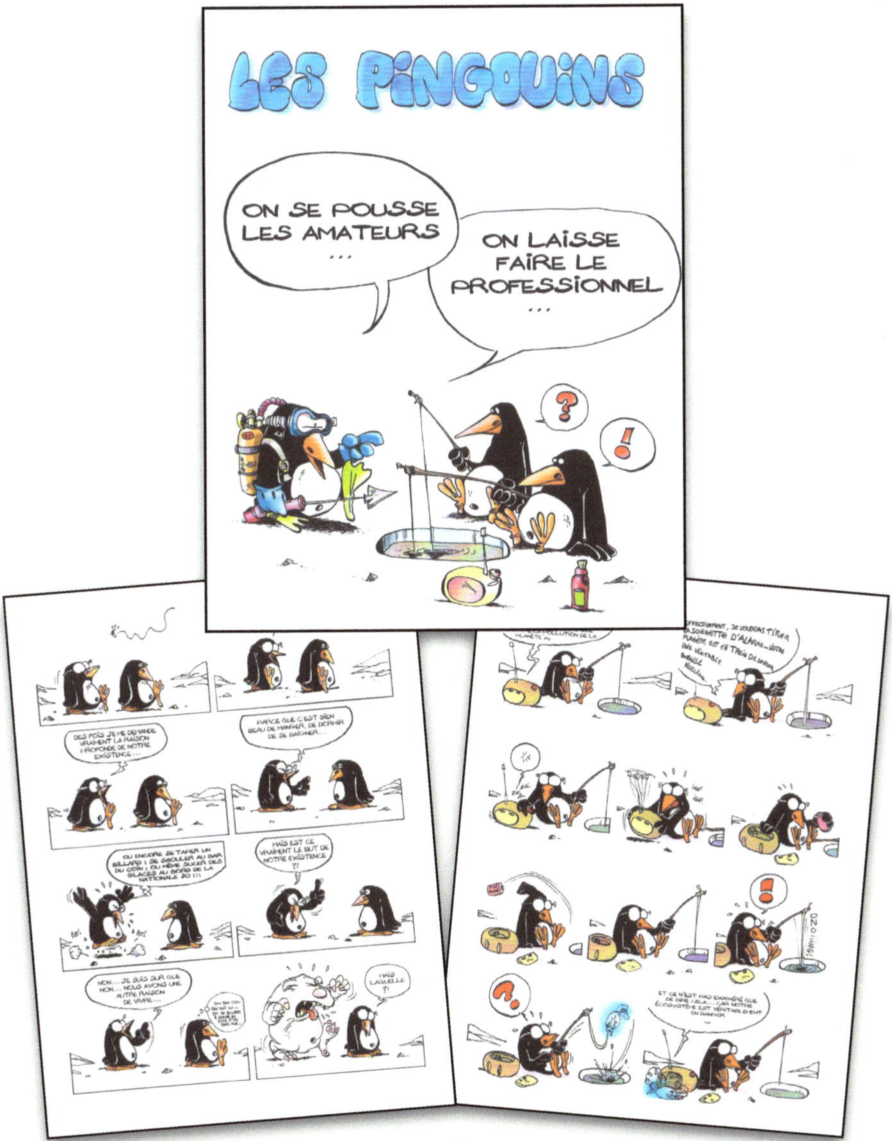
LES PINGOUINS
ON SE POUSSE LES AMATEURS ...
ON LAISSE FAIRE LE PROFESSIONNEL ...
DES FOIS JE ME DEMANDE VRAIMENT LA RAISON PROFONDE DE NOTRE EXISTENCE...
PARCE QUE C'EST BIEN BEAU DE MANGER, DE DORMIR DE SE BAIGNER...
OU ENCORE SE TAPER UN BILLARD ! SE SAOULER AU BAR DU COIN ! OU MÊME SUCER DES GLACES AU BORD DE LA NATIONALE 20 !!!
MAIS EST CE VRAIMENT LE BUT DE NOTRE EXISTENCE ?!
NON... JE SUIS SUR QUE NON... NOUS AVONS UNE AUTRE RAISON DE VIVRE...
MAIS LAQUELLE ?!

Rapidement, ils devinrent bleu gris avec un bec un peu « patate ». C'est à cette époque, début 2000, que je commençai à démarcher les éditeurs.

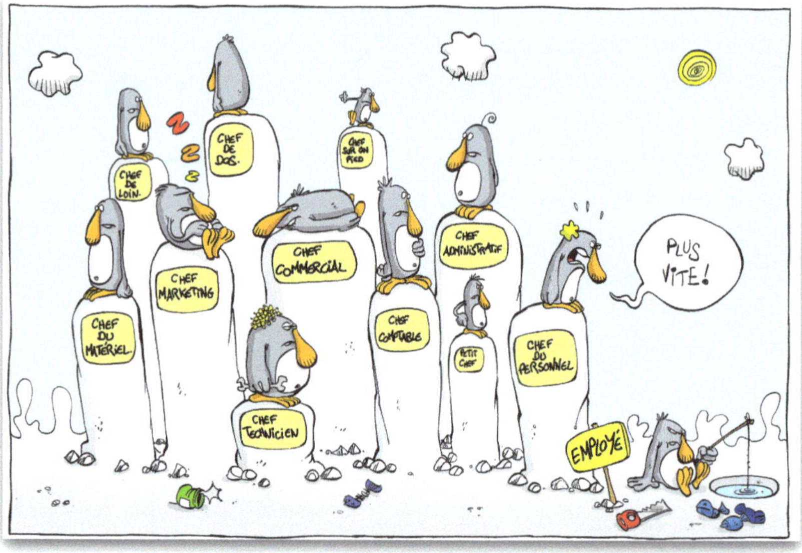
CHEF DE LOIN.
CHEF DE DOS.
CHEF MARKETING
CHEF COMMERCIAL
CHEF ADMINISTRATIF
PLUS VITE!
CHEF DU MATÉRIEL.
CHEF COMPTABLE
PETIT CHEF
CHEF DU PERSONNEL
CHEF TECHNICIEN
EMPLOYÉ

Une planche fut prise dans le magazine « Pavillon rouge » de chez Delcourt. Une autre pour un collectif « dessins pour le climat » chez Glénat. Un gros éditeur fut intéressé. Mais, finalement, ça ne se fit pas.
Mais cette courte aventure permit de trouver le titre définitif de la série. Elle s'appellerait « Givrés ! ».

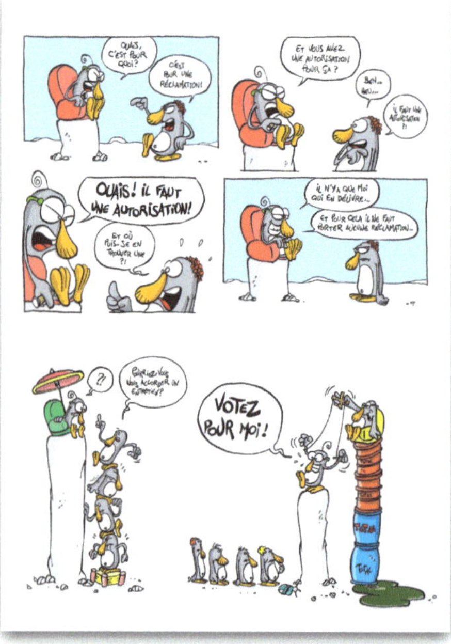
OUAIS, C'EST POUR QUOI?
C'EST POUR UNE RÉCLAMATION!
ET VOUS AVEZ UNE AUTORISATION POUR ÇA ?
BEN... EU...
IL FAUT UNE AUTORISATION ?!
OUAIS! IL FAUT UNE AUTORISATION!
ET OÙ PUIS-JE EN TROUVER UNE ?!
IL N'Y A QUE MOI QUI EN DÉLIVRE...
ET POUR CELA IL NE FAUT PORTER AUCUNE RÉCLAMATION...
?!
POURRIEZ-VOUS NOUS ACCORDER UN ENTRETIEN?
VOTEZ POUR MOI!

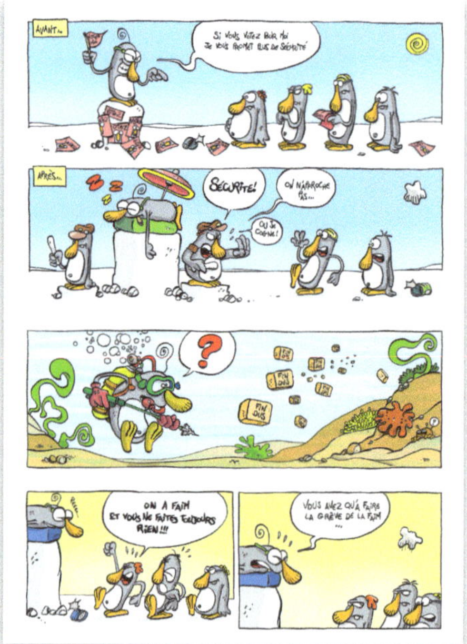
AVANT...
SI VOUS VOTEZ POUR MOI JE VOUS PROMET PLUS DE SÉCURITÉ
APRÈS...
SÉCURITÉ!
ON N'APPROCHE PAS...
OU JE COGNE!
?
FINDUS
ON A FAIM ET VOUS NE FAITES TOUJOURS RIEN!!!
VOUS AVEZ QU'À FAIRE LA GRÈVE DE LA FAIM ...

Je fis une nouvelle version (encore !).
Un bec beaucoup plus long plus ou moins tordu. Un univers plus étoffé, des personnages aux caractères plus marqués.

« Méga top » dossier en main, je vais toquer à la porte de « Spirou ».
En deux temps, trois mouvements, Patrick Pinchart m'ouvrie les pages du journal.
Et c'est parti pour animer les pages du beau journal de Spirou !

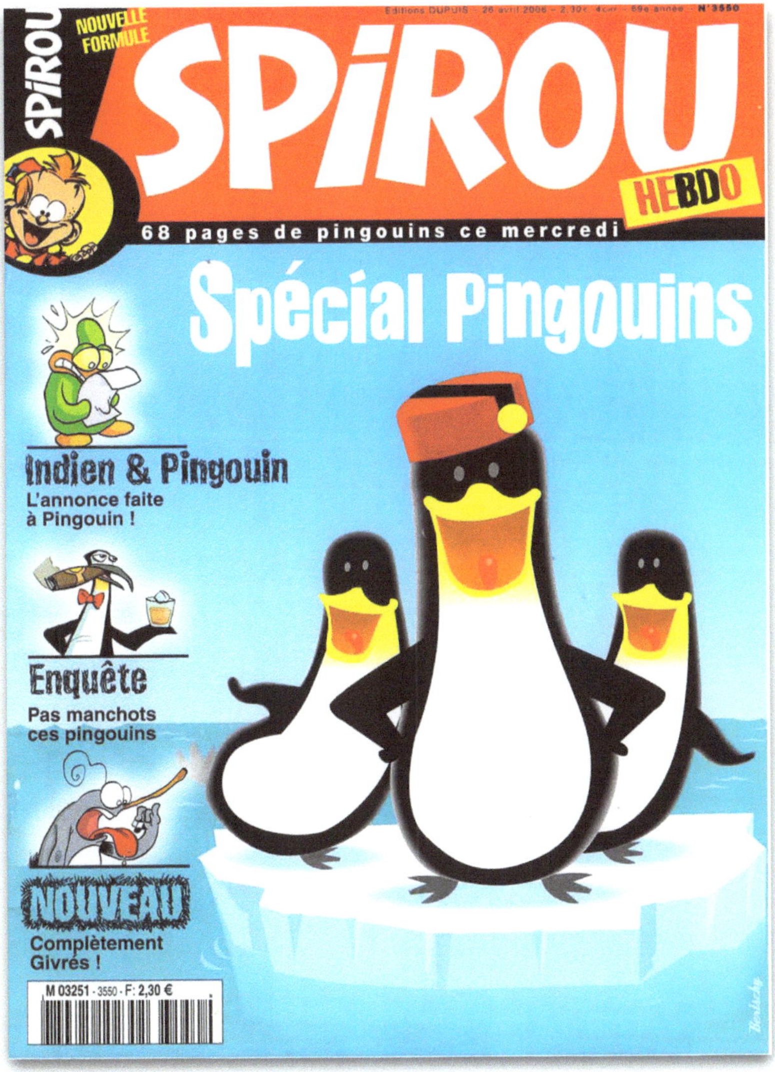

Editions DUPUIS - 26 avril 2006 - 2,30€ 4€ - 69e année - N°3550
SPIROU
NOUVELLE FORMULE
SPIROU
HEBDO
68 pages de pingouins ce mercredi
Spécial Pingouins
Indien & Pingouin
L'annonce faite à Pingouin !
Enquête
Pas manchots ces pingouins
NOUVEAU
Complètement Givrés !
M 03251 - 3550 - F: 2,30 €

Quarante planches passèrent dans le journal (elles sont disponibles dans l'album « L'origine »).

CRIIII CRIIII CRIII
SLURP! BLURB! SLUP!!
AGN! AG! AG!
BOUM!
ICI, NOUS TESTONS NOS NOUVEAUX PARFUMS!
BON... LE GLAÇON PIMENT VERT, C'EST PAS TERRIBLE...

ET VOICI NOTRE LABORATOIRE DE RECHERCHE...
... C'EST ICI QUE SONT CRÉÉS TOUS NOS NOUVEAUX MODÈLES...
ALORS PROFESSEUR...
... QUE NOUS PRÉPAREZ-VOUS DE BEAU?!
HEU... EH BEN...
...EN CE MOMENT NOUS SOMMES EN TRAIN DE DÉVELOPPER LE GLAÇON LYOPHILISÉ...
VOUS VERSEZ LA POUDRE DANS UN RÉCIPIENT ADAPTÉ À CET EFFET...
...VOUS MÉLANGEZ AVEC UN PEU D'EAU...
...ET VOUS N'AVEZ QU'À LAISSER REPOSER UNE PETITE HEURE AU FRIGO POUR OBTENIR UN MAGNIFIQUE GLAÇON!
HEU... LA SUITE DE LA VISITE C'EST PAR ICI...

PFF... QUEL GÂCHIS!
...NE M'EN PARLE PAS, ÇA ME DÉPRIME...
ET DIRE QUE C'ÉTAIT POUR FAIRE DES ÉCONOMIES D'ÉNERGIE!
SANS LE VOULOIR, NOUS AVONS CRÉÉ LE 1ER ICEBERG À HÉLICE!
ÇA ME FAIT UNE BELLE PATTE!

OUILLE! OUILLE! OUILLE!
DANGER
TROU COUCHE D'OZONE
CRÈME OBLIGATOIRE

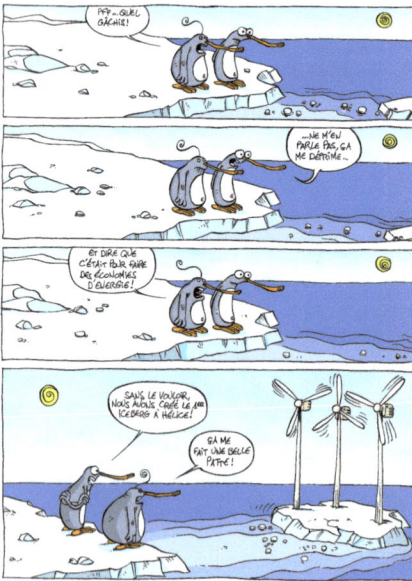

En plus des planches, la série se développa aussi sous forme de strips (disponibles, eux, dans l'album « Les strips »).

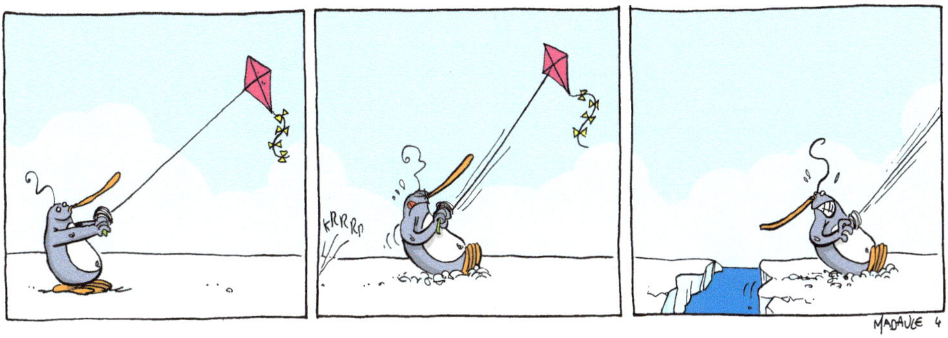
MADAULE 4

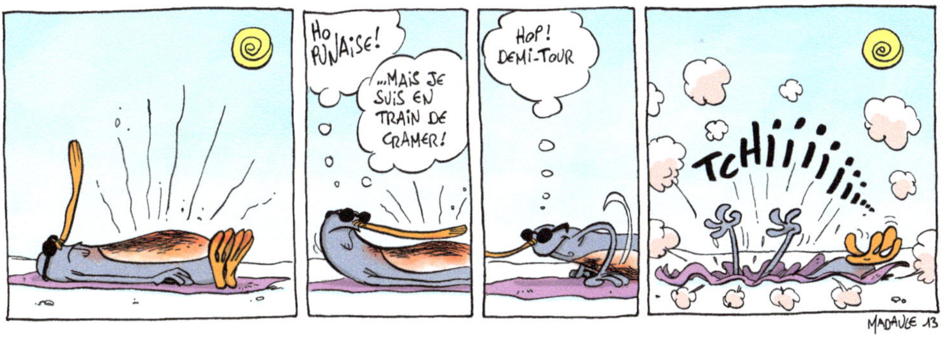
HO PUNAISE !
...MAIS JE SUIS EN TRAIN DE CRAMER !
HOP ! DEMI-TOUR
TCHIIIIII...
MADAULE 13

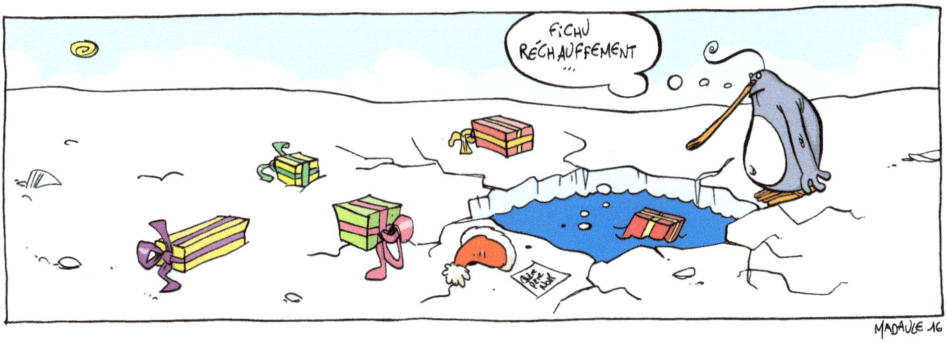
FICHU RÉCHAUFFEMENT ...
MADAULE 16

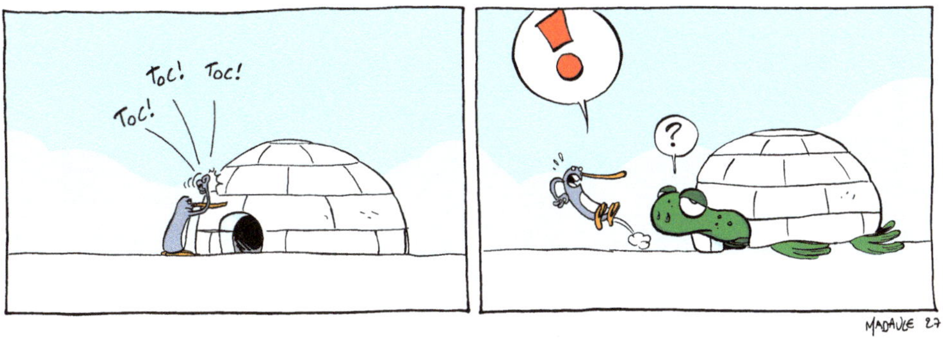
TOC !
TOC !
TOC !
!
?
MADAULE 27

En 2007, Spirou lançait un vote sur les strips préférés publiés dans le journal. « Les Givrés » terminèrent premiers du classement

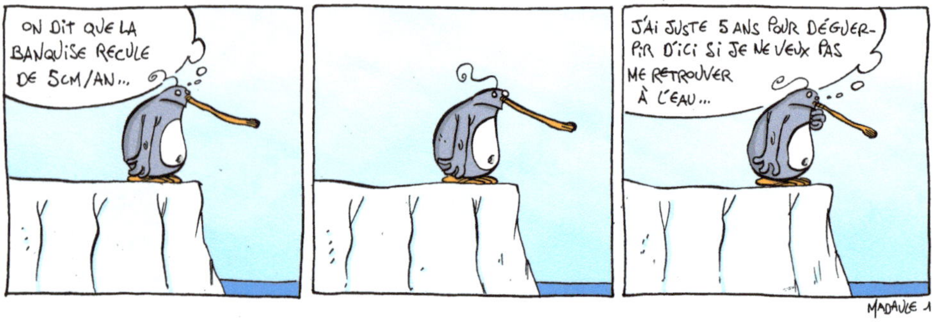
ON DIT QUE LA BANQUISE RECULE DE 5CM/AN...
J'AI JUSTE 5 ANS POUR DÉGUERPIR D'ICI SI JE NE VEUX PAS ME RETROUVER À L'EAU...
MADAULE 1

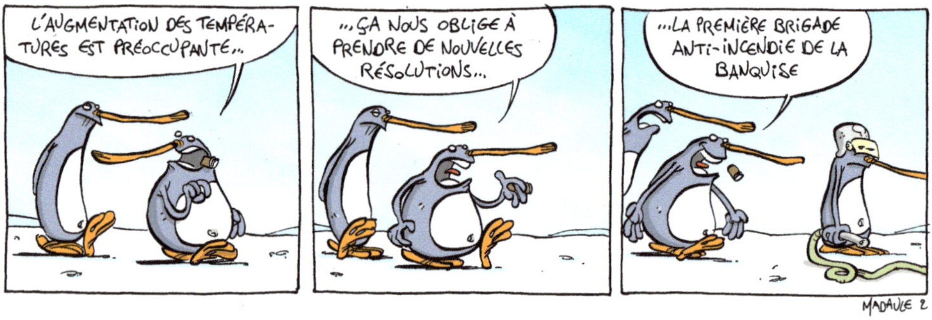
L'AUGMENTATION DES TEMPÉRATURES EST PRÉOCCUPANTE...
...ÇA NOUS OBLIGE À PRENDRE DE NOUVELLES RÉSOLUTIONS...
...LA PREMIÈRE BRIGADE ANTI-INCENDIE DE LA BANQUISE
MADAULE 2

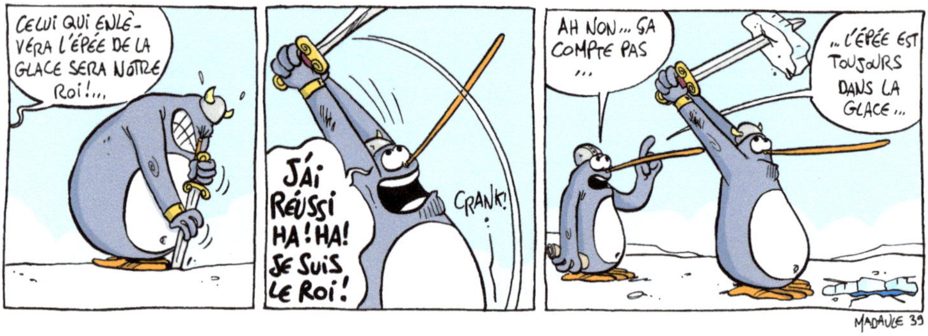
CELUI QUI ENLÈVERA L'ÉPÉE DE LA GLACE SERA NOTRE ROI!...
J'AI RÉUSSI HA! HA! JE SUIS LE ROI!
CRANK!
AH NON... ÇA COMPTE PAS ...
... L'ÉPÉE EST TOUJOURS DANS LA GLACE...
MADAULE 39

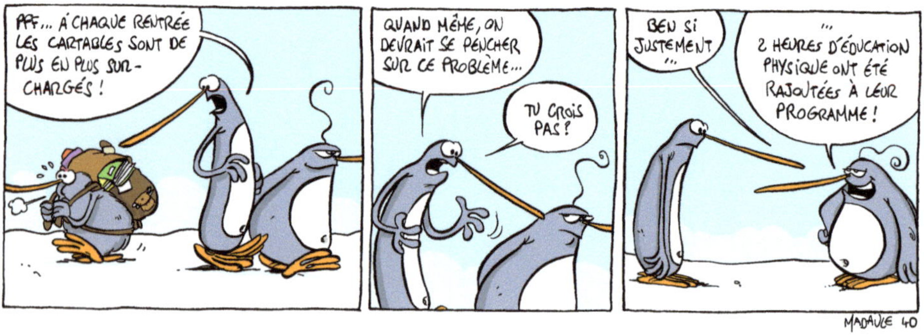
PFF... À CHAQUE RENTRÉE LES CARTABLES SONT DE PLUS EN PLUS SURCHARGÉS !
QUAND MÊME, ON DEVRAIT SE PENCHER SUR CE PROBLÈME...
TU CROIS PAS ?
BEN SI JUSTEMENT ...
... 2 HEURES D'ÉDUCATION PHYSIQUE ONT ÉTÉ RAJOUTÉES À LEUR PROGRAMME !
MADAULE 40

Après une quarantaine de planches publiées, Patrick Pinchart partit fonder Sandawe. Un nouveau rédacteur en chef arriva, qui arrêta la diffusion de la série dans le journal.
Mais je n'abandonnai pas pour autant !
Avec l'aide d'un scénariste, Laurent Panetier, je retravaillai la série.
De nouvelles têtes, une nouvelle problématique, etc…
Mais ça tâtonne, ça tâtonne …

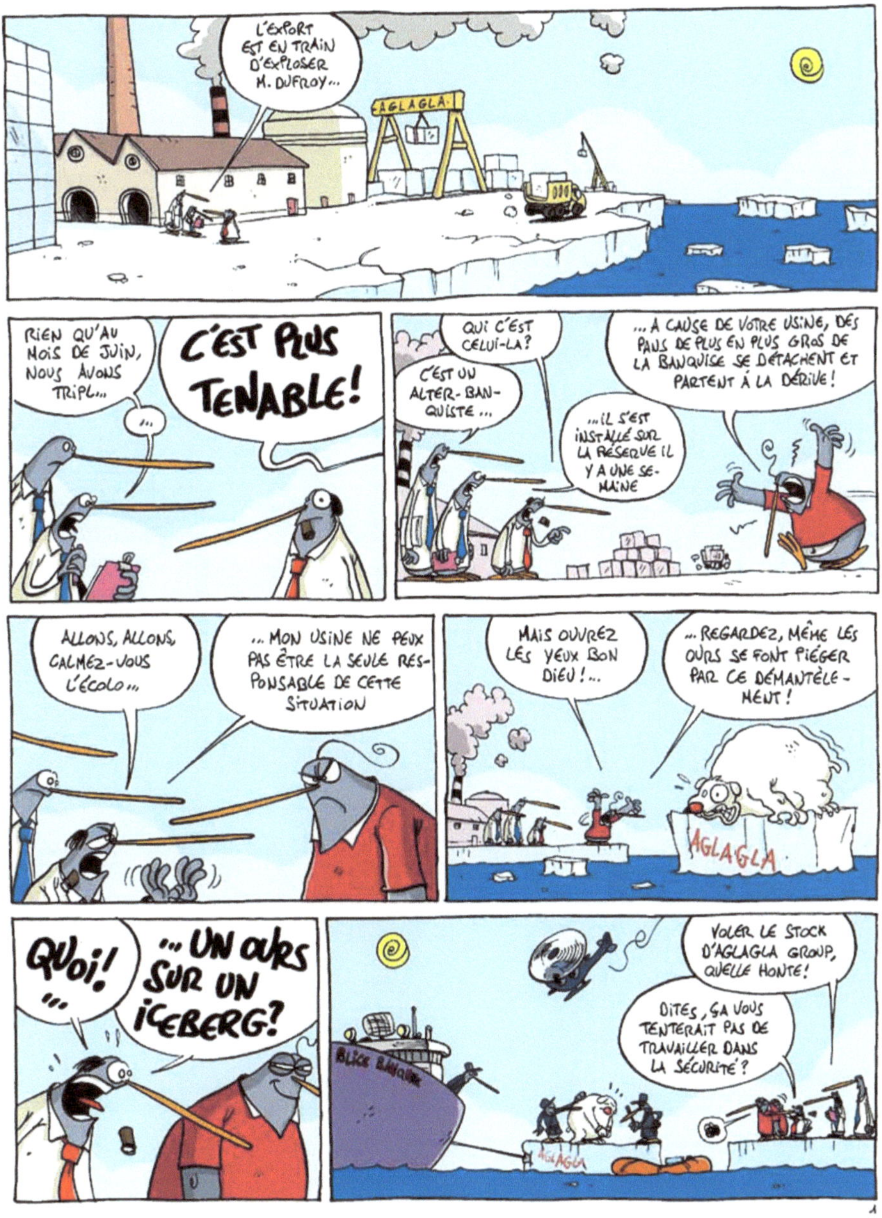

L'EXPORT EST EN TRAIN D'EXPLOSER M. DUFROY...
AGLAGLA
RIEN QU'AU MOIS DE JUIN, NOUS AVONS TRIPL...
...
C'EST PLUS TENABLE!
QUI C'EST CELUI-LA?
C'EST UN ALTER-BANQUISTE...
...IL S'EST INSTALLÉ SUR LA RÉSERVE IL Y A UNE SEMAINE
...À CAUSE DE VOTRE USINE, DES PANS DE PLUS EN PLUS GROS DE LA BANQUISE SE DÉTACHENT ET PARTENT À LA DÉRIVE!
ALLONS, ALLONS, CALMEZ-VOUS L'ÉCOLO...
...MON USINE NE PEUX PAS ÊTRE LA SEULE RESPONSABLE DE CETTE SITUATION
MAIS OUVREZ LES YEUX BON DIEU!...
...REGARDEZ, MÊME LES OURS SE FONT PIÉGER PAR CE DÉMANTÈLEMENT!
AGLAGLA
QUOI! ...
...UN OURS SUR UN ICEBERG?
VOLER LE STOCK D'AGLAGLA GROUP, QUELLE HONTE!
DITES, ÇA VOUS TENTERAIT PAS DE TRAVAILLER DANS LA SÉCURITÉ?
AGLAGLA

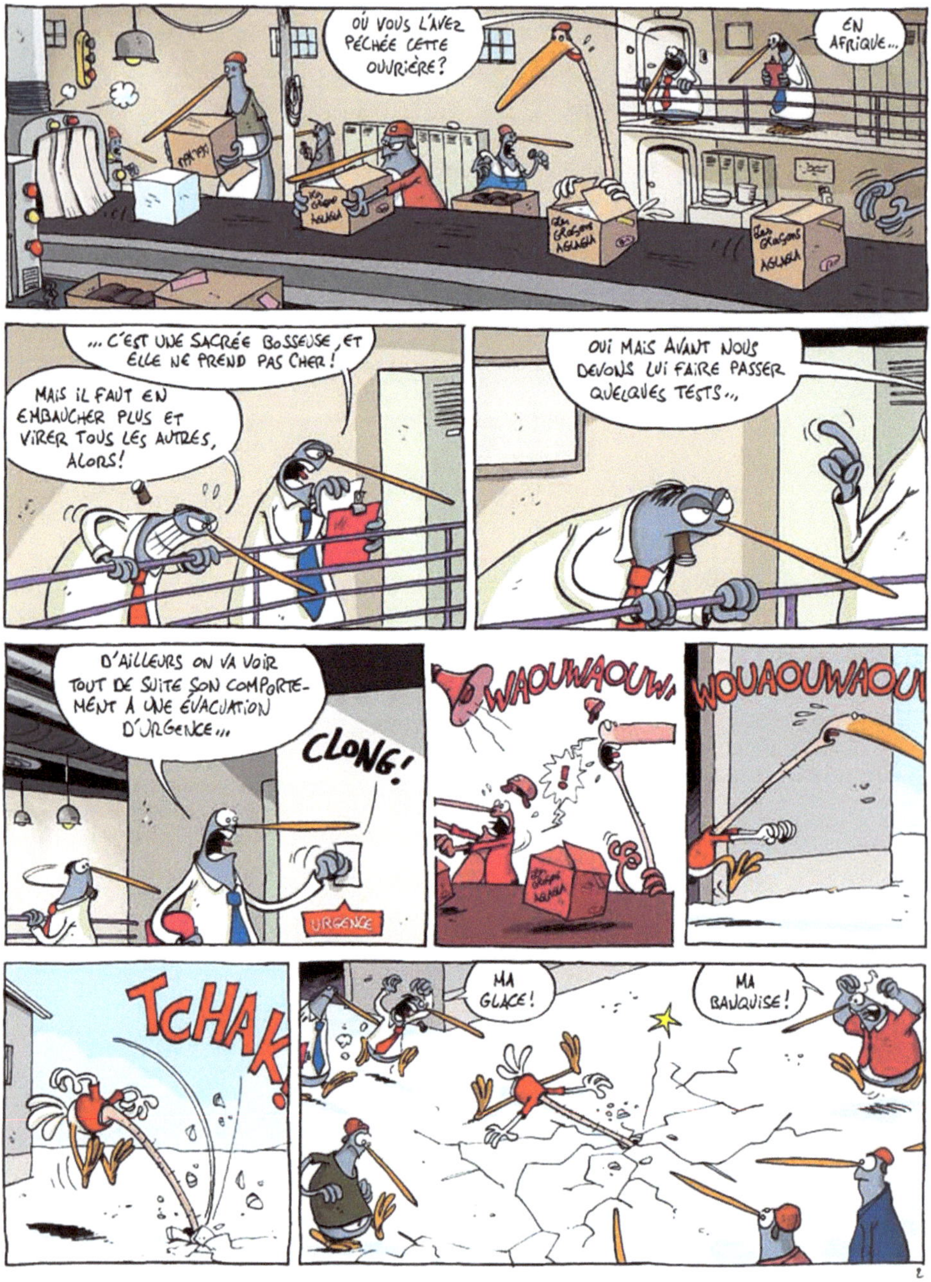
OÙ VOUS L'AVEZ PÊCHÉE CETTE OUVRIÈRE?
EN AFRIQUE...
... C'EST UNE SACRÉE BOSSEUSE, ET ELLE NE PREND PAS CHER!
MAIS IL FAUT EN EMBAUCHER PLUS ET VIRER TOUS LES AUTRES, ALORS!
OUI MAIS AVANT NOUS DEVONS LUI FAIRE PASSER QUELQUES TESTS...
D'AILLEURS ON VA VOIR TOUT DE SUITE SON COMPORTEMENT À UNE ÉVACUATION D'URGENCE...
CLONG!
URGENCE
WAOUWAOUW!
!
WOUAOUWAOUW
TCHAK!
MA GLACE!
MA BANQUISE!

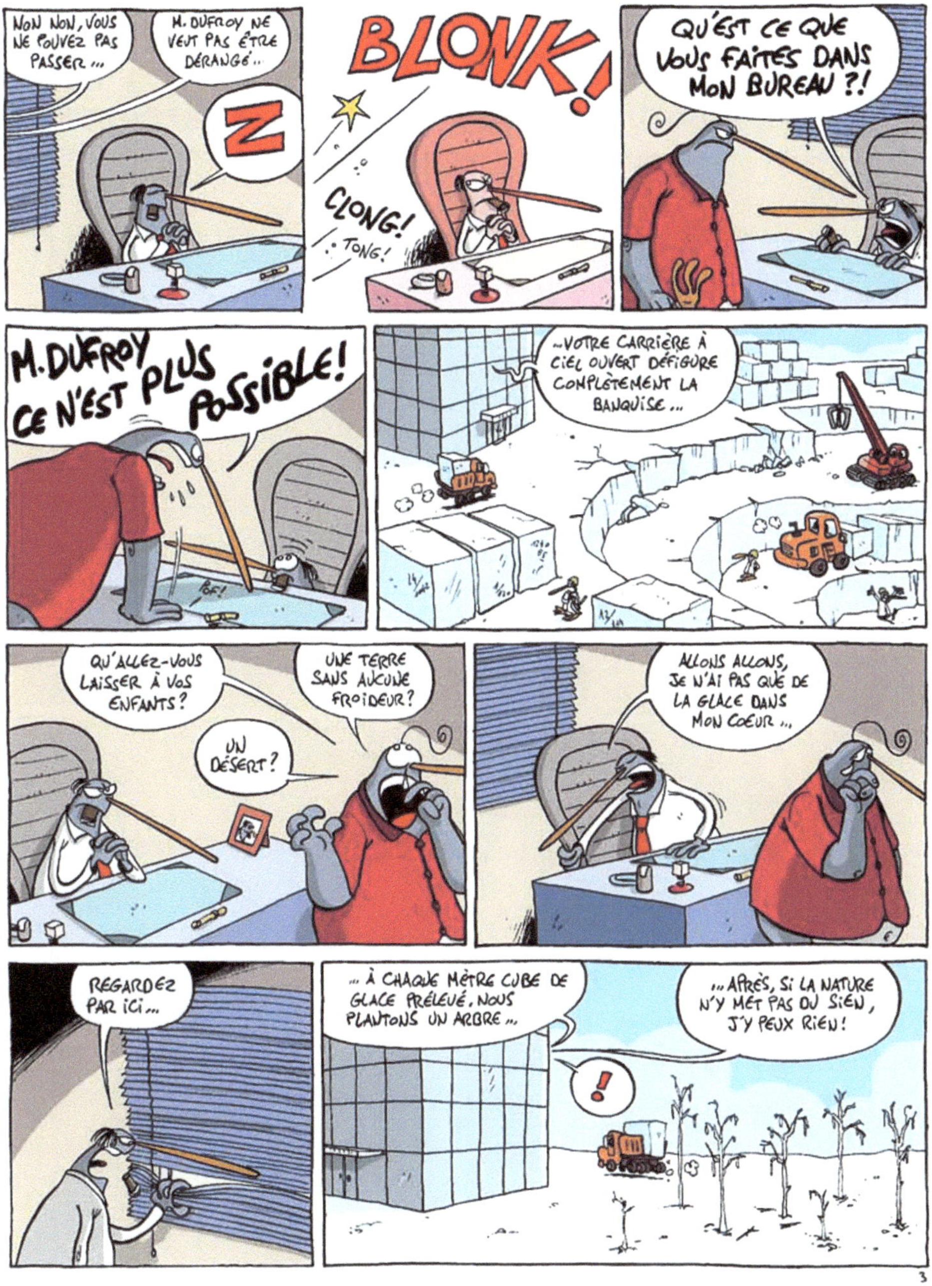
NON NON, VOUS NE POUVEZ PAS PASSER...
M. DUFROY NE VEUT PAS ÊTRE DÉRANGÉ...
Z
BLONK!
CLONG!
TONG!
QU'EST CE QUE VOUS FAITES DANS MON BUREAU ?!
M. DUFROY CE N'EST PLUS POSSIBLE!
...VOTRE CARRIÈRE À CIEL OUVERT DÉFIGURE COMPLÈTEMENT LA BANQUISE...
QU'ALLEZ-VOUS LAISSER À VOS ENFANTS?
UNE TERRE SANS AUCUNE FROIDEUR?
UN DÉSERT?
ALLONS ALLONS, JE N'AI PAS QUE DE LA GLACE DANS MON COEUR...
REGARDEZ PAR ICI...
... À CHAQUE MÈTRE CUBE DE GLACE PRÉLEVÉ, NOUS PLANTONS UN ARBRE...
...APRÈS, SI LA NATURE N'Y MET PAS DU SIEN, J'Y PEUX RIEN!
!
3

Après beaucoup de recherches, de réflexion et de remises en cause, j'accouchai d'une nouvelle version.
Je la proposai au rédacteur en chef de « Spirou ».
Et ce fut la bonne !

Ce fut un nouveau départ pour les Givrés. « Spirou » me proposa de passer d'abord quelques planches. Et, depuis, la série est toujours dans le magazine…

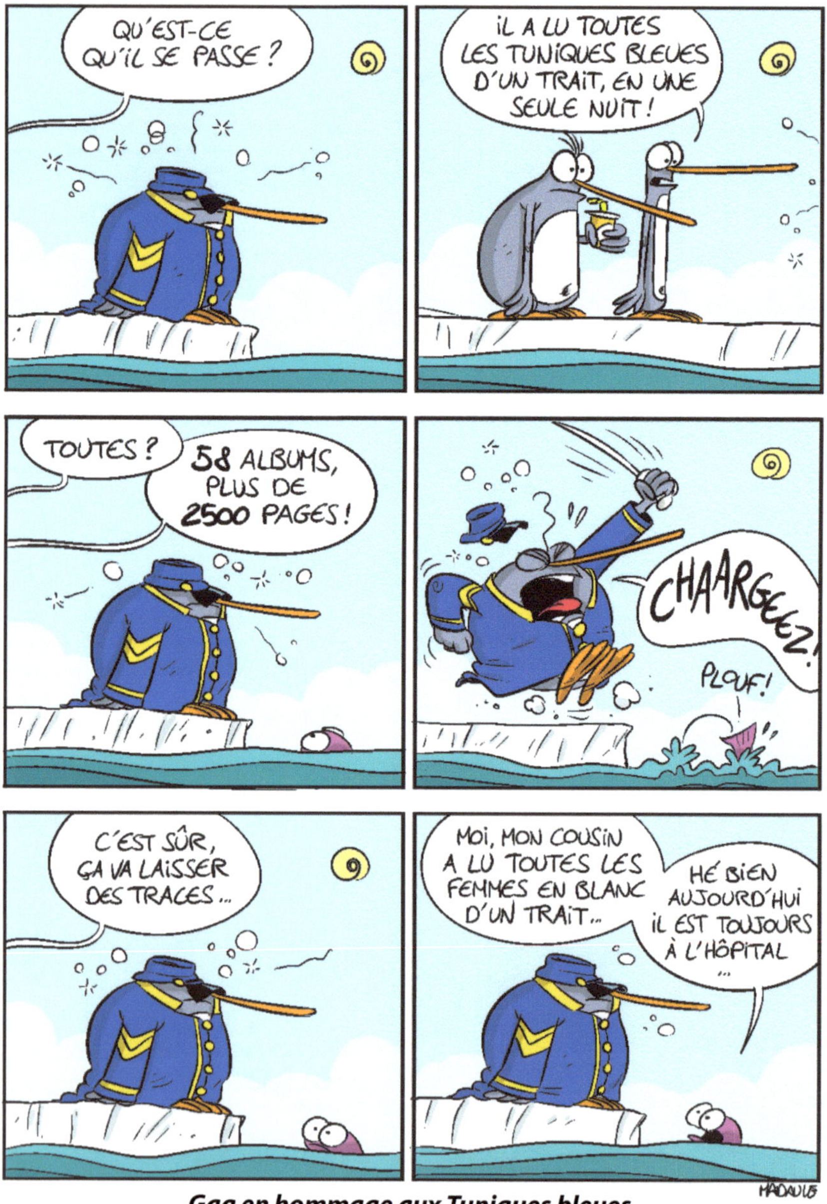
QU'EST-CE QU'IL SE PASSE ?
IL A LU TOUTES LES TUNIQUES BLEUES D'UN TRAIT, EN UNE SEULE NUIT !
TOUTES ?
58 ALBUMS, PLUS DE 2500 PAGES !
CHAARGEEEZ !
PLOUF !
C'EST SÛR, ÇA VA LAISSER DES TRACES...
MOI, MON COUSIN A LU TOUTES LES FEMMES EN BLANC D'UN TRAIT...
HÉ BIEN AUJOURD'HUI IL EST TOUJOURS À L'HÔPITAL ...
MADAULE

Gag en hommage aux Tuniques bleues.

C'était en plein été. Il faisait chaud. Nous étions à la terrasse d'un café. C'est avec un copain confrère et quelques boissons rafraîchissantes que nous avons eu l'idée de faire le pendant des Givrés. Nous avons imaginé des suricates vivant dans le désert et subissant les fortes chaleurs et le manque d'eau de leur lieu de vie. C'est ainsi que nous venions de créer « Cramés ! ».

Nous voulions en faire un petit recueil de quelques gags. Le rédac chef de Spirou nous proposa de les passer directement dans le journal. Aujourd'hui, les Cramés sont régulièrement publiés dans Spirou sous forme de strip.

En voici quelques extraits.

CRAMÉS!

SCÉNARIO: AMALRIC
DESSIN ET COULEUR: MADAULE

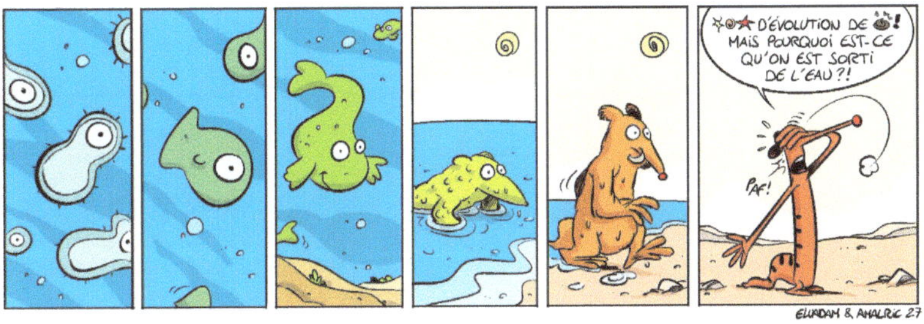
D'ÉVOLUTION DE ! MAIS POURQUOI EST-CE QU'ON EST SORTI DE L'EAU ?!
PAF!
ELWADAM & AMALRIC 27

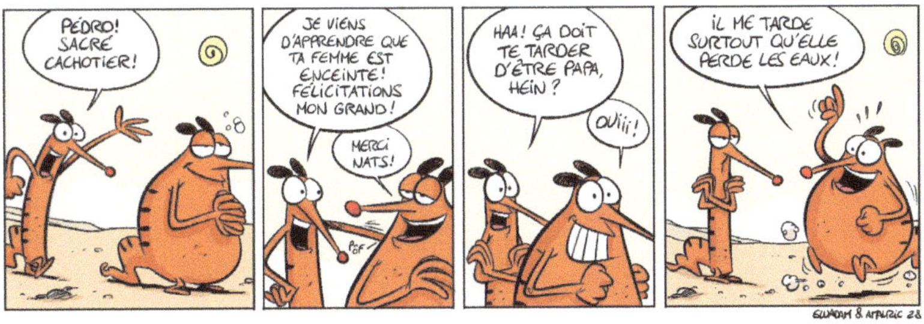
PÉDRO! SACRÉ CACHOTIER!
JE VIENS D'APPRENDRE QUE TA FEMME EST ENCEINTE! FÉLICITATIONS MON GRAND!
MERCI NATS!
POF
HAA! ÇA DOIT TE TARDER D'ÊTRE PAPA, HEIN ?
OUiii!
iL ME TARDE SURTOUT QU'ELLE PERDE LES EAUX!
ELWADAM & AMALRIC 28

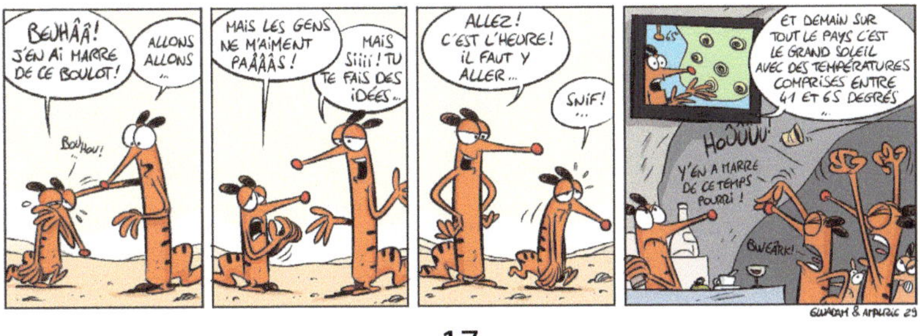
BEUHÂÂ! J'EN AI MARRE DE CE BOULOT!
ALLONS ALLONS ...
BOUHOU!
MAIS LES GENS NE M'AIMENT PAÂÂÂS!
MAIS Siiii! TU TE FAIS DES iDÉES...
ALLEZ! C'EST L'HEURE! iL FAUT Y ALLER...
SNIF! ...
ET DEMAIN SUR TOUT LE PAYS C'EST LE GRAND SOLEIL AVEC DES TEMPÉRATURES COMPRISES ENTRE 41 ET 65 DEGRÉS ...
HOÛÛÛU!
Y'EN A MARRE DE CE TEMPS POURRI !
BWEÂRK!
ELWADAM & AMALRIC 29

CRAMÉS!

SCÉNARIO: **AMALRIC**
DESSIN ET COULEUR: **MADAULE**

LA PEINTURE À L'HUILE, C'EST PAS DIFFICILE...

MAIS LA PEINTURE À L'EAU...

BÔM! BRODAB BROU BRODOUROU

...C'EST PLUS RIGOLO...

OÙ ÇA DE L'EAU?

EAU?

MIAM!

GWADAM & AMALRIC 31

RAAAH... TROP CHAUD... QUE LE CIEL ME VIENNE EN AIDE...

RAAAH...

!

MIRACLE!

PLIC!

PLIC!

PLIC!

RAAAH...

GWADAM & AMALRIC 32

VOUS ALLEZ ENFIN TROUVER UNE SOURCE DERRIÈRE LA VIEILLE DUNE ARRAKIS...

IRMA VOYANTE 7J/7J SAUF LE LUNDI

C'EST VRAI? IL Y A PAS D'EMBROUILLE CETTE FOIS?

ABSOLUMENT AUCUNE!

...IL Y A JUSTE UN PANNEAU AVEC UN TRUC ÉCRIT DESSUS...

YOUHOU!

'TENDEZ... HEU...

"EAU NON-POTABLE"

GWADAM & AMALRIC 33

CRAMÉS!

SCÉNARIO: AMALRIC
DESSIN ET COULEUR: MADAULE

RHAAA...

LA MER?

DE... DE L'EAU!

KRÁK!

C'EST MON CHEF-D'OEUVRE! ON VA S'Y JETER DESSUS!

RHAAA...

ELLADAM & AMALRIC 19

BiBi

HÉ! HÉ!

C'EST SELLER L'ART DE SÉDUIRE

EXCUSEZ-MOI MADEMOISELLE MAIS VOTRE PÈRE EST UN VOLEUR!

HEIN?

OUI... IL A VOLÉ LES PLUS BELLES ÉTOILES DU CIEL POUR LES METTRE DANS VOS YEUX ...

BiBi

C'EST SELLER L'ART DE SE SOIGNER

ELLADAM & AMALRIC 20

TU ES SÛR QUE ÇA VA NOUS RAFRAICHIR?

À 100%

ALLEZ! ZOU! JE BRANCHE!

CLIK!

VOUGH

?

ELLADAM & AMALRIC 21

19

Planches inédites

Les lecteurs ne le savent généralement pas, mais toutes les planches de bande dessinée ne passent pas dans le journal. Certaines, réalisées par l'auteur, ne sont finalement pas acceptées.
Nous vous proposons de découvrir ici quelque planches qui ont été refusées par le rédacteur en chef, et qui sont donc inédites.

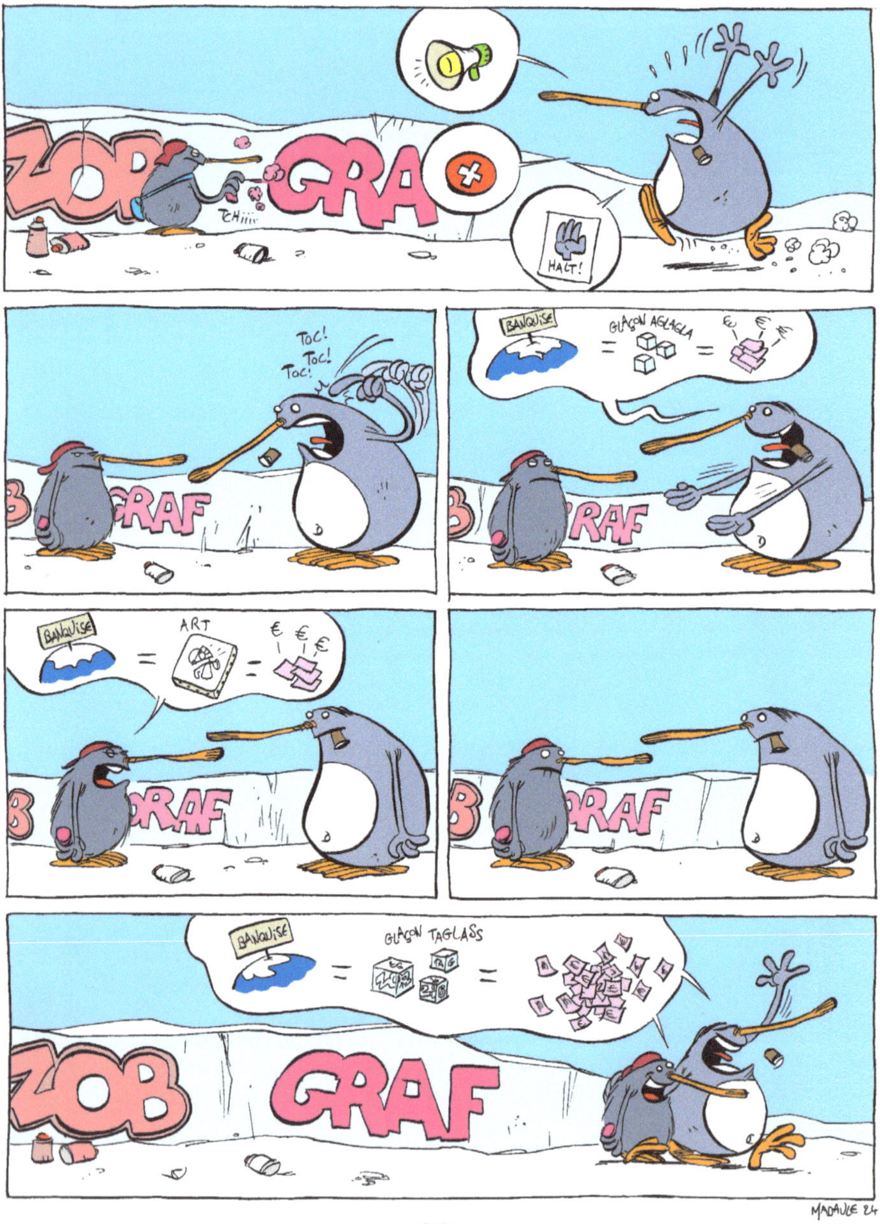
ZOB
GRA
TCHiiii
HALT!
TOC!
Toc!
Toc!
GRAF
BANQUISE
GLAÇON AGLAGLA
BANQUISE
ART
GRAF
GRAF
BANQUISE
GLAÇON TAGLASS
ZOB
GRAF
MADAULE 24

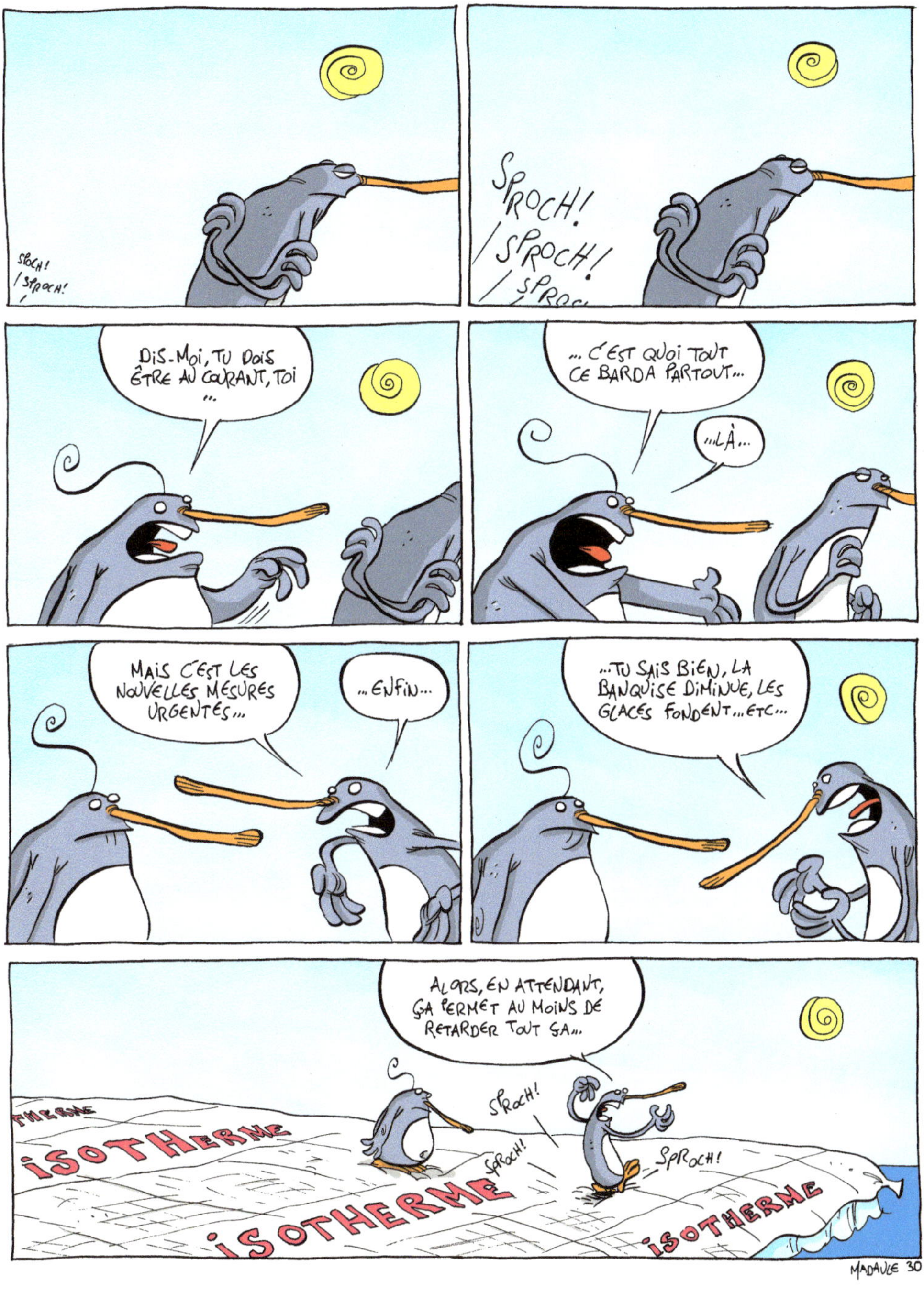
SPOCH!
SPROCH!
SPROCH!
SPROCH!
DIS-MOI, TU DOIS ÊTRE AU COURANT, TOI ...
... C'EST QUOI TOUT CE BARDA PARTOUT...
...LÀ...
MAIS C'EST LES NOUVELLES MESURES URGENTES...
... ENFIN...
...TU SAIS BIEN, LA BANQUISE DIMINUE, LES GLACES FONDENT... ETC...
ALORS, EN ATTENDANT, ÇA PERMET AU MOINS DE RETARDER TOUT ÇA...
ISOTHERME
SPROCH!
ISOTHERME
SPROCH!
SPROCH!
ISOTHERME
MADAULE 30

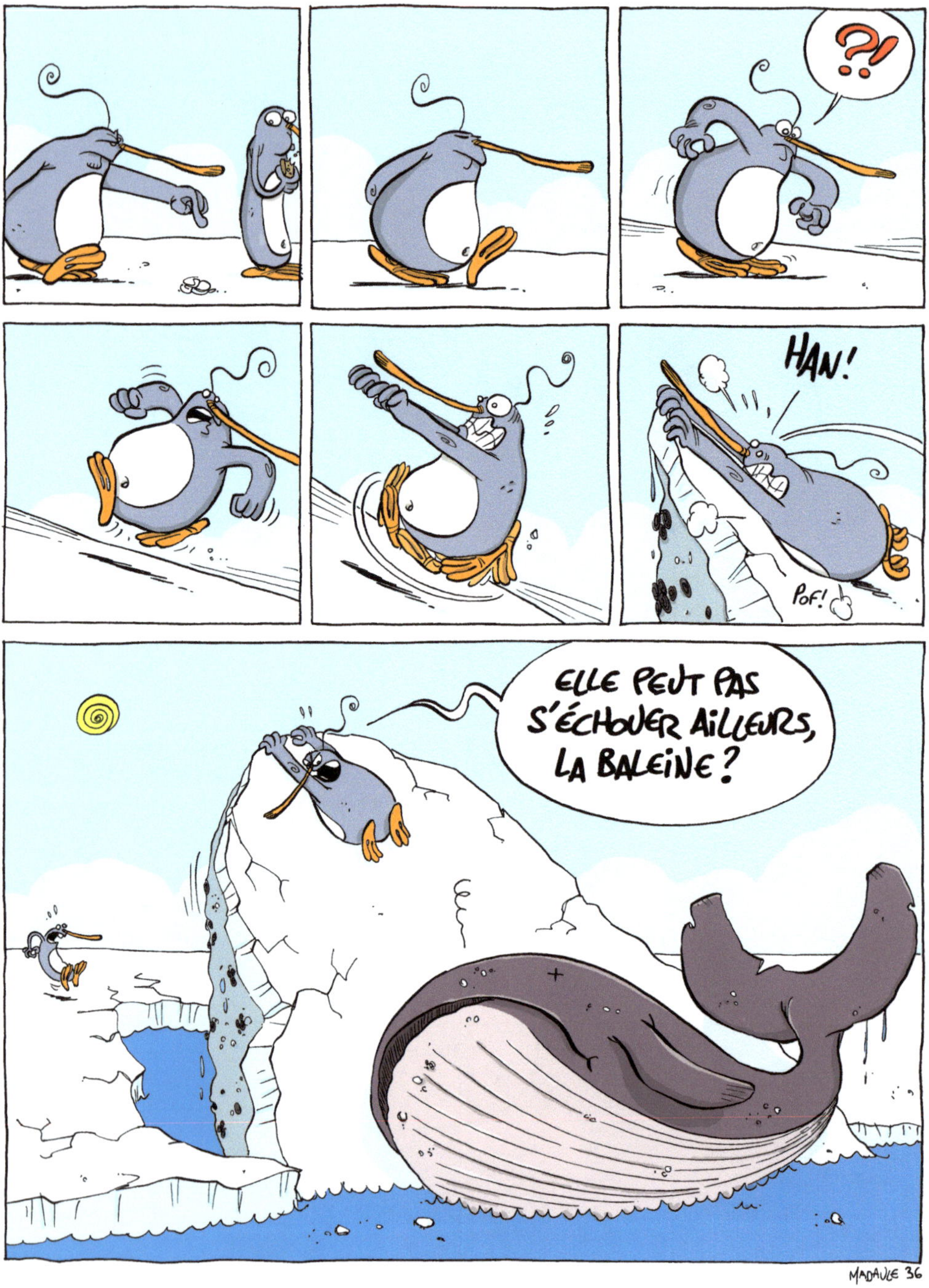
?!
HAN!
POF!
ELLE PEUT PAS S'ÉCHOUER AILLEURS, LA BALEINE ?
MADAULE 36

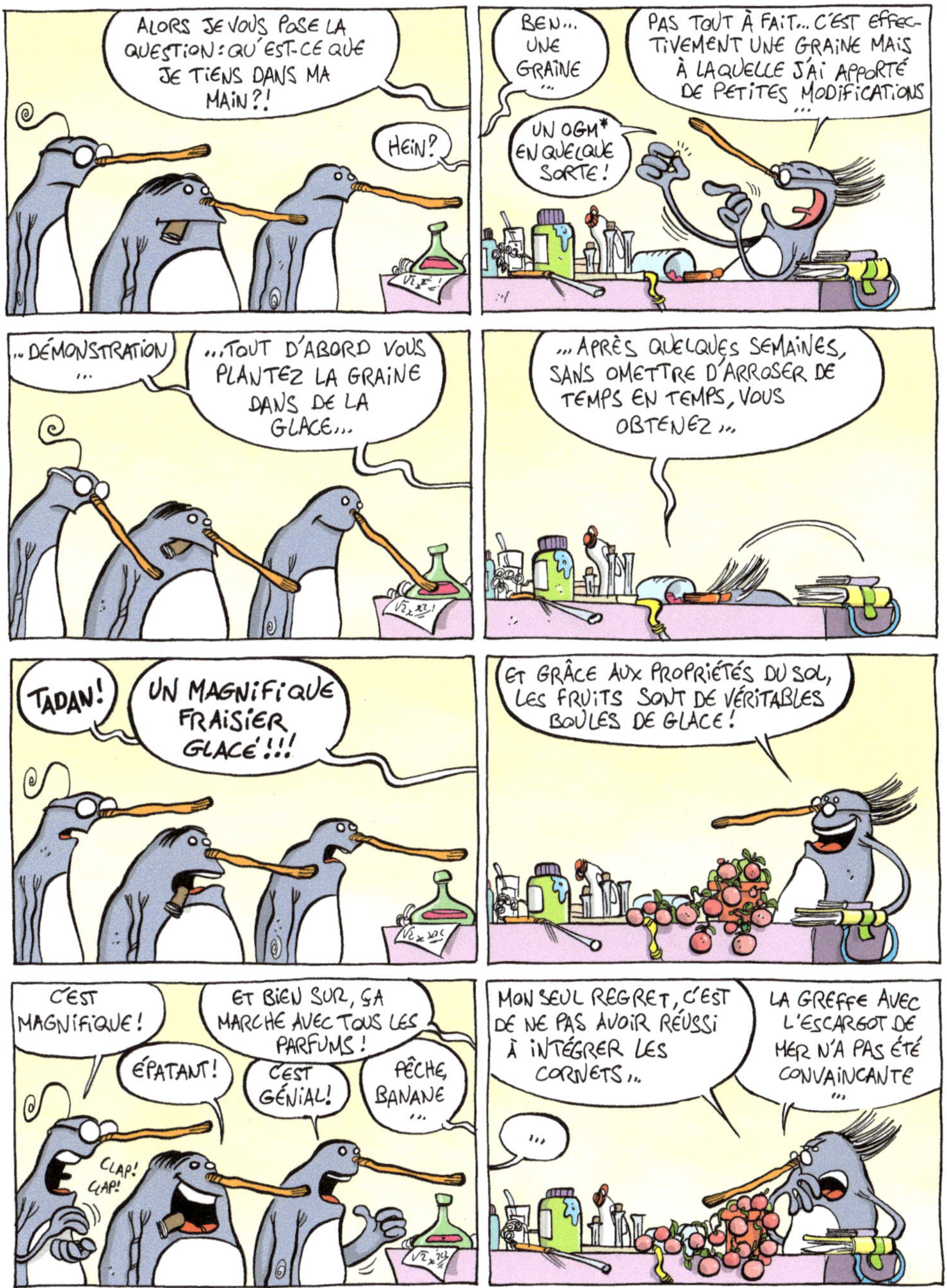
ALORS JE VOUS POSE LA QUESTION : QU'EST-CE QUE JE TIENS DANS MA MAIN ?!
HEIN ?
BEN... UNE GRAINE ...
PAS TOUT À FAIT... C'EST EFFECTIVEMENT UNE GRAINE MAIS À LAQUELLE J'AI APPORTÉ DE PETITES MODIFICATIONS ...
UN OGM* EN QUELQUE SORTE !
... DÉMONSTRATION ...
... TOUT D'ABORD VOUS PLANTEZ LA GRAINE DANS DE LA GLACE...
... APRÈS QUELQUES SEMAINES, SANS OMETTRE D'ARROSER DE TEMPS EN TEMPS, VOUS OBTENEZ ...
TADAN !
UN MAGNIFIQUE FRAISIER GLACÉ !!!
ET GRÂCE AUX PROPRIÉTÉS DU SOL, LES FRUITS SONT DE VÉRITABLES BOULES DE GLACE !
C'EST MAGNIFIQUE !
ET BIEN SUR, ÇA MARCHE AVEC TOUS LES PARFUMS !
ÉPATANT !
C'EST GÉNIAL !
PÊCHE, BANANE ...
CLAP ! CLAP !
MON SEUL REGRET, C'EST DE NE PAS AVOIR RÉUSSI À INTÉGRER LES CORNETS...
LA GREFFE AVEC L'ESCARGOT DE MER N'A PAS ÉTÉ CONVAINCANTE ...
...

*ORGANISME GLACIAIREMENT MODIFIÉ

40

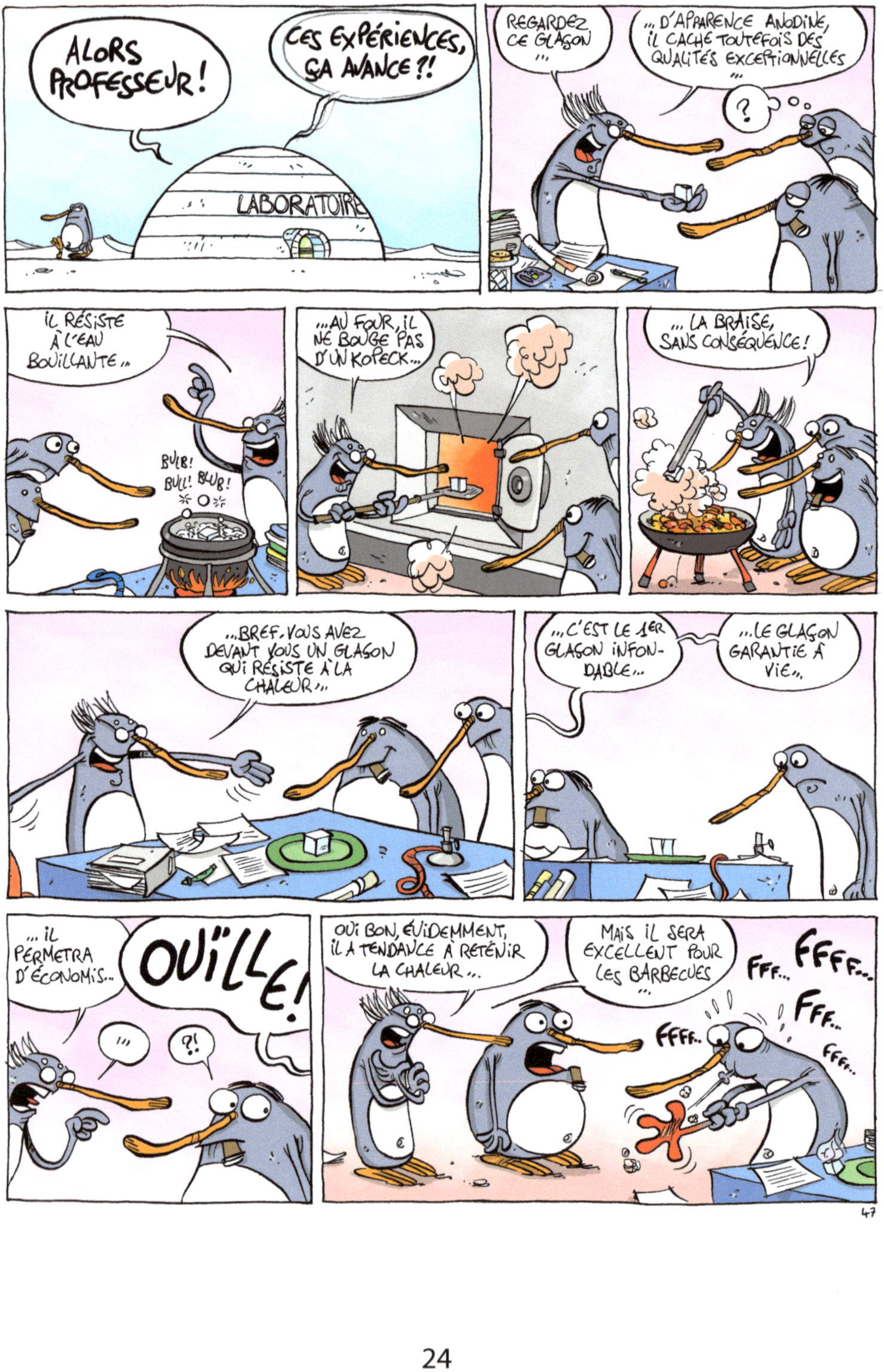
ALORS PROFESSEUR !
CES EXPÉRIENCES, ÇA AVANCE ?!
LABORATOIRE
REGARDEZ CE GLAÇON ...
... D'APPARENCE ANODINE, IL CACHE TOUTEFOIS DES QUALITÉS EXCEPTIONNELLES ...
?
IL RÉSISTE À L'EAU BOUILLANTE ...
BLUB! BULL! BLUB!
... AU FOUR, IL NE BOUGE PAS D'UN KOPECK ...
... LA BRAISE, SANS CONSÉQUENCE !
... BREF, VOUS AVEZ DEVANT VOUS UN GLAÇON QUI RÉSISTE À LA CHALEUR ...
... C'EST LE 1ER GLAÇON INFONDABLE ...
... LE GLAÇON GARANTIE À VIE ...
... IL PERMETRA D'ÉCONOMIS...
OUILLE !
...
?!
OUI BON, ÉVIDEMMENT, IL A TENDANCE À RETENIR LA CHALEUR ...
MAIS IL SERA EXCELLENT POUR LES BARBECUES ...
FFF... FFFF...
FFFF..
FFF..
FFFF..
47

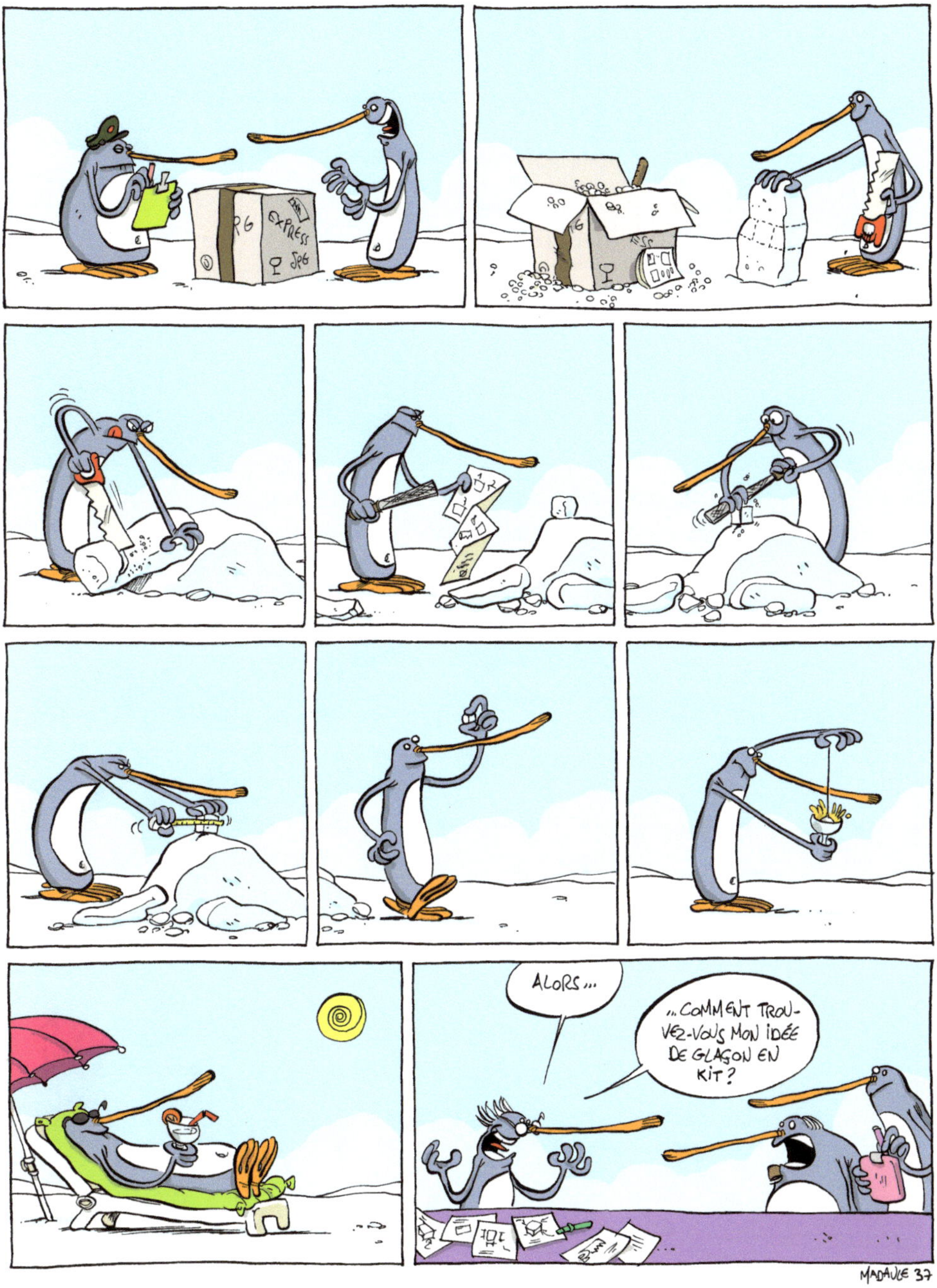

EXPRESS
SPG
ALORS...
... COMMENT TROU-VEZ-VOUS MON IDÉE DE GLAÇON EN KIT ?
MADAULE 37

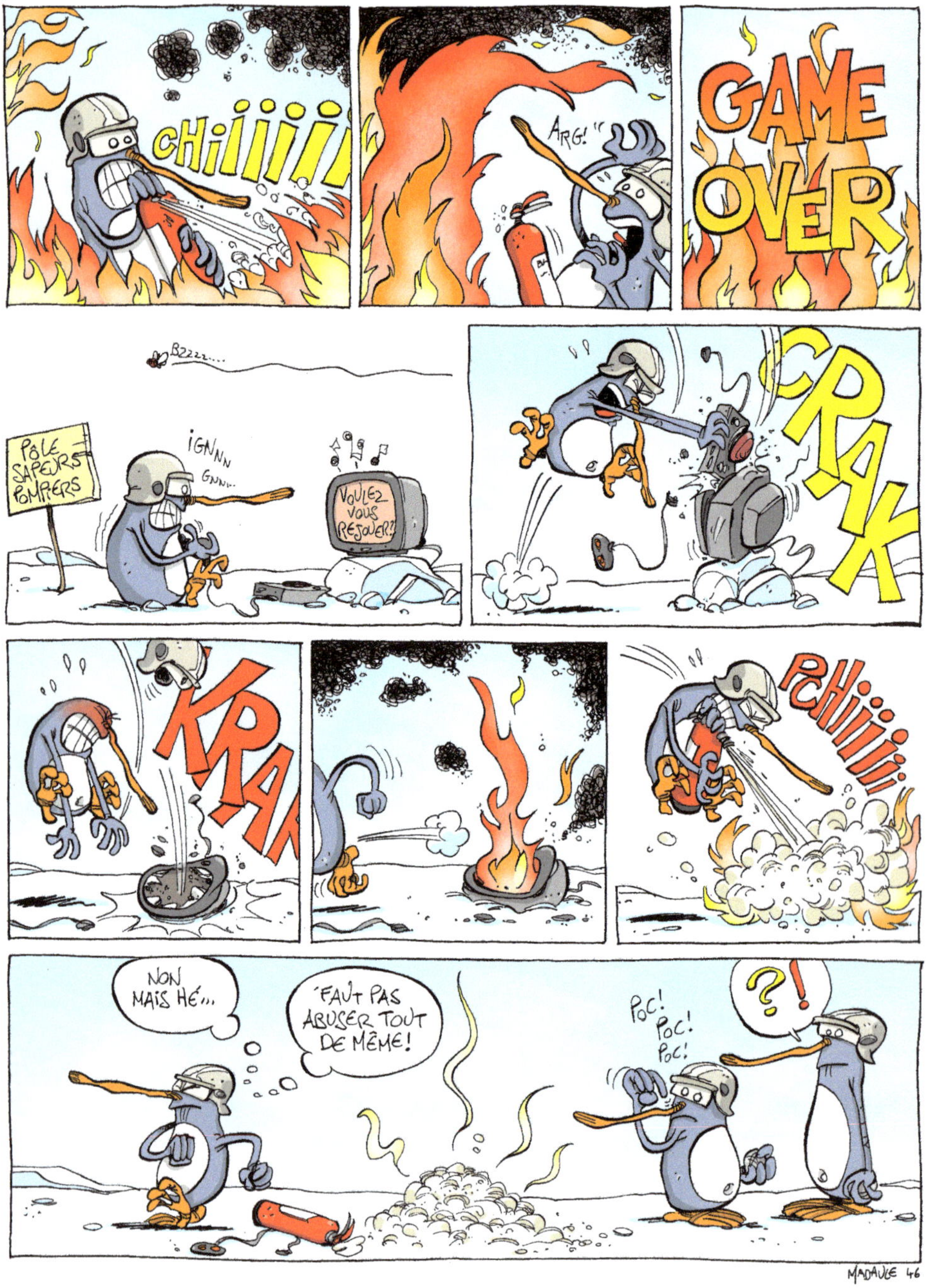
CHiiiiii
ARG!
GAME OVER
BZZZZ...
PÔLE SAPEURS POMPIERS
iGNNN GNN...
VOULEZ VOUS REJOUER?
CRAK
KRAK
PCHiiiiii
NON MAIS HÉ...
'FAUT PAS ABUSER TOUT DE MÊME!
POC! POC! POC!
?!
MADAULE 46

Les mini-récits des « Givrés »

Les mini-récits ont été inventés à la fin des années 50 par le rédacteur en chef de « Spirou » Yvan Delporte. Beaucoup de jeunes auteurs ont pu, grâce à ces petits livres qui étaient imprimés sur quatre pages au cœur du journal, et que l'on devait plier en suivant des instructions très précises, faire leurs premières armes. De très grands noms de la bande dessinée en ont également signé (Franquin, Peyo, Will, Tillieux...).

Abandonnés à la fin des années 70 par Thierry Martens, ils ont été relancés par Patrick Pinchart dans une version plus grande, les « Spirou Poche ».

Son successeur, Thierry Tinlot, y mit fin une seconde fois, mais Frédéric Niffle leur redonna vie sous une forme proche de l'originale.

Tous les auteurs du journal en réalisent. « Les Givrés » ont déjà eu droit à deux aventures en petit format. Que nous vous proposons ici de découvrir en grand format !

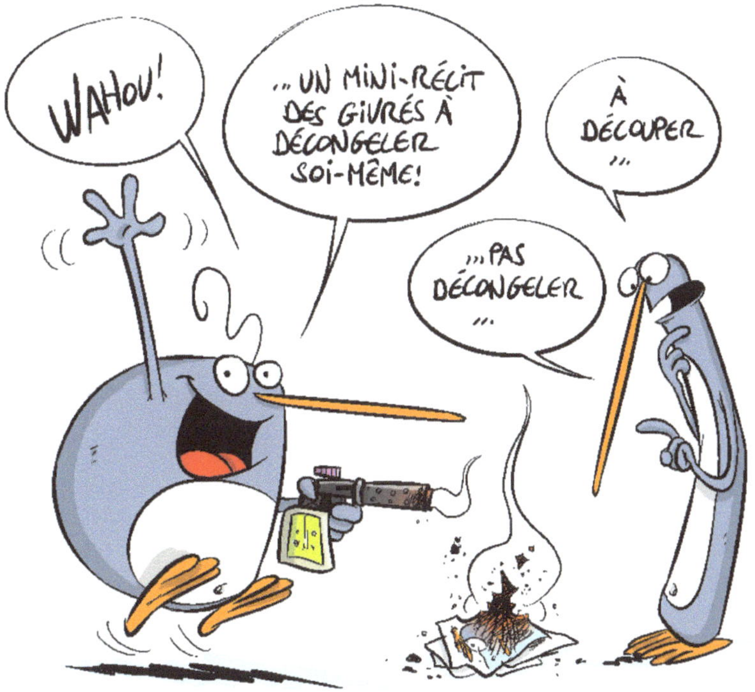
WAHOU!
...UN MINI-RÉCIT DES GIVRÉS À DÉCONGELER SOI-MÊME!
À DÉCOUPER ...
...PAS DÉCONGELER ...

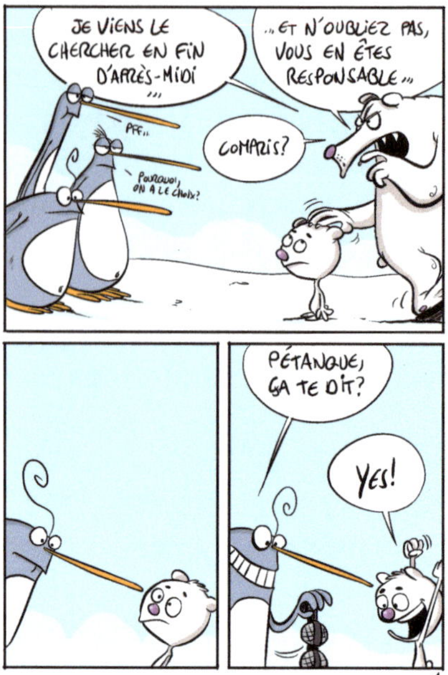
JE VIENS LE CHERCHER EN FIN D'APRÈS-MIDI ...
... ET N'OUBLIEZ PAS, VOUS EN ÊTES RESPONSABLE ...
PFF...
POURQUOI, ON A LE CHOIX?
COMPRIS?
PÉTANQUE, ÇA TE DIT?
YES!

1

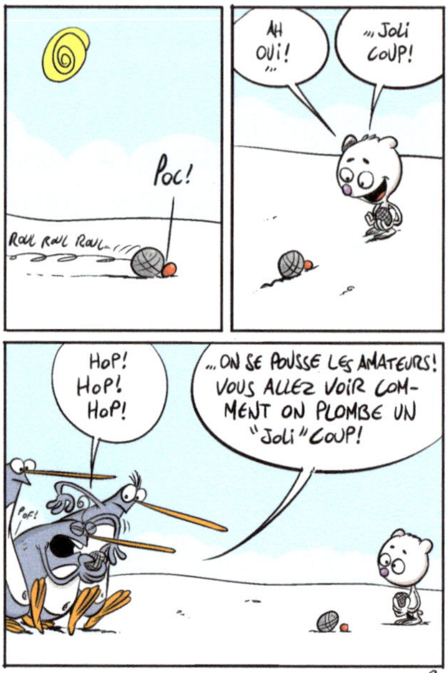
POC!
ROUL ROUL ROUL...
AH OUI! ...
... JOLI COUP!
HOP! HOP! HOP!
... ON SE POUSSE LES AMATEURS! VOUS ALLEZ VOIR COMMENT ON PLOMBE UN "JOLI" COUP!
POF!

2

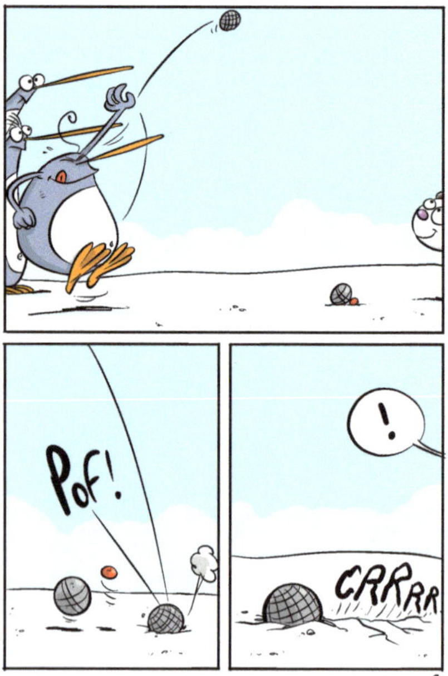
POF!
!
CRRRR

3

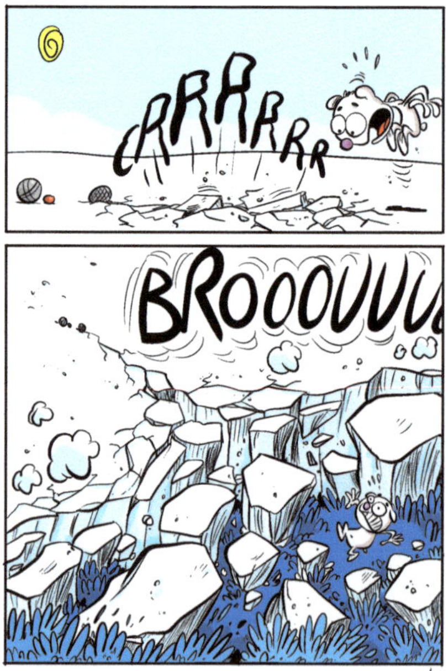
CRRRRRRR
BROOOUUUU

4

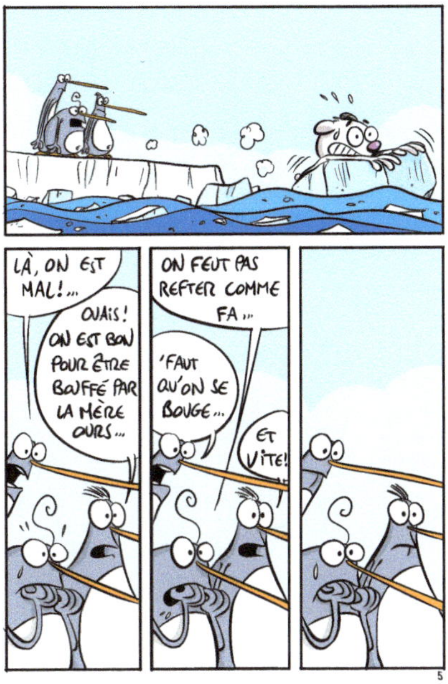
LÀ, ON EST MAL!...
OUAIS! ON EST BON POUR ÊTRE BOUFFÉ PAR LA MÈRE OURS...
ON FEUT PAS REFTER COMME FA...
'FAUT QU'ON SE BOUGE...
ET VITE!

5

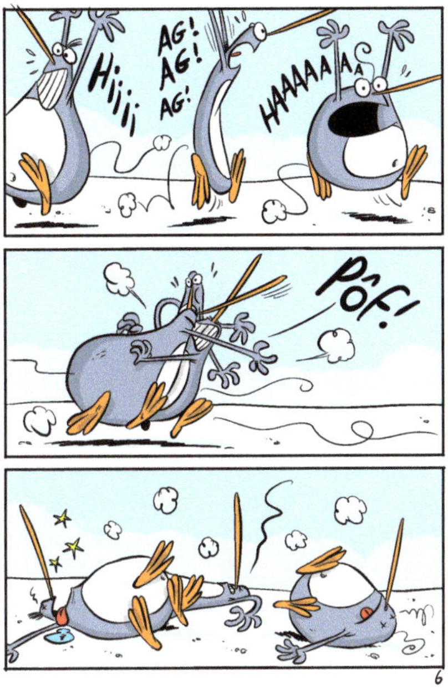
Hiiiii
AG! AG! AG!
HAAAAAAA
PÔF!

6

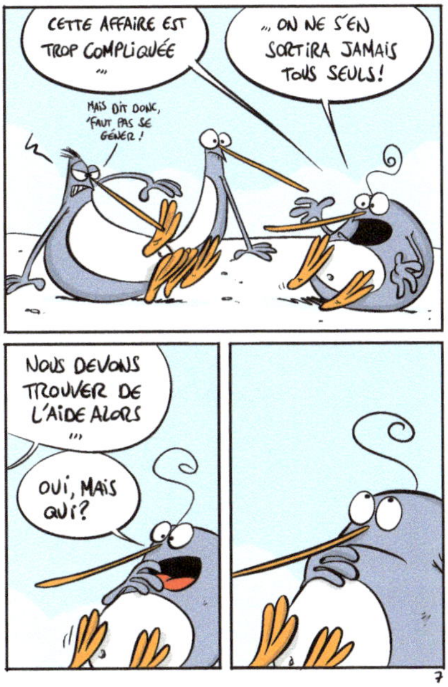
CETTE AFFAIRE EST TROP COMPLIQUÉE ...
... ON NE S'EN SORTIRA JAMAIS TOUS SEULS!
MAIS DIT DONC, 'FAUT PAS SE GÊNER!
NOUS DEVONS TROUVER DE L'AIDE ALORS ...
OUI, MAIS QUI?

7

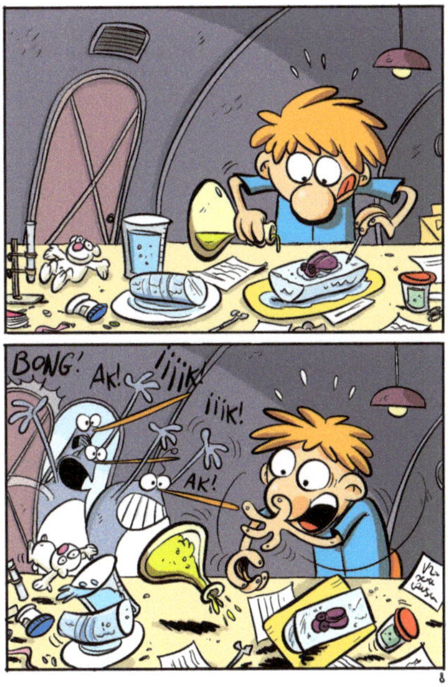
BONG!
AK!
iiiik!
iiik!
AK!

8

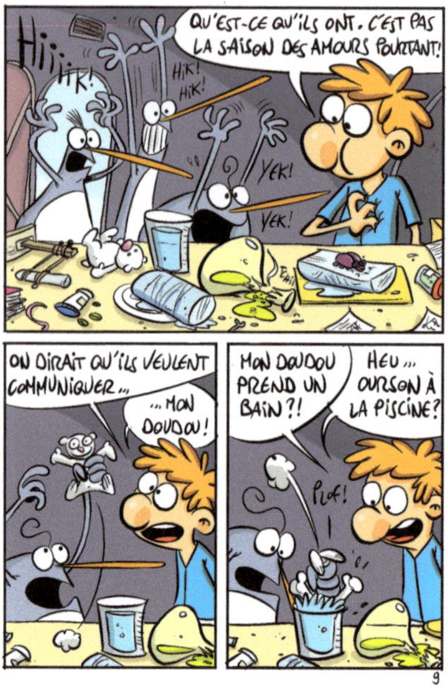
HIiiiK!
HIK! HIK!
QU'EST-CE QU'ILS ONT. C'EST PAS LA SAISON DES AMOURS POURTANT!
YEK!
YEK!
ON DIRAIT QU'ILS VEULENT COMMUNIQUER...
...MON DOUDOU!
MON DOUDOU PREND UN BAIN?!
HEU... OURSON À LA PISCINE?
PLOF!

9

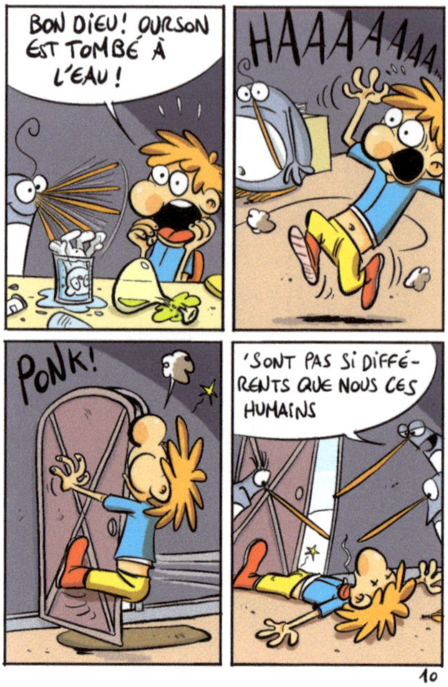
BON DIEU! OURSON EST TOMBÉ À L'EAU!
HAAAAAAA...
PONK!
'SONT PAS SI DIFFÉRENTS QUE NOUS CES HUMAINS

10

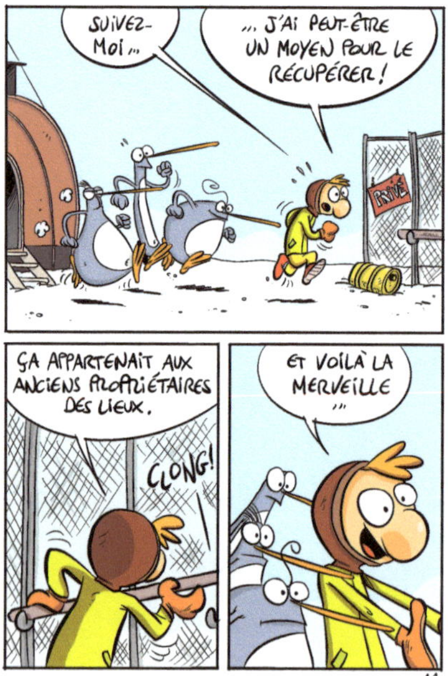
SUIVEZ-MOI...
...J'AI PEUT-ÊTRE UN MOYEN POUR LE RÉCUPÉRER!
PRIVÉ
ÇA APPARTENAIT AUX ANCIENS PROPRIÉTAIRES DES LIEUX.
CLONG!
ET VOILÀ LA MERVEILLE...

11

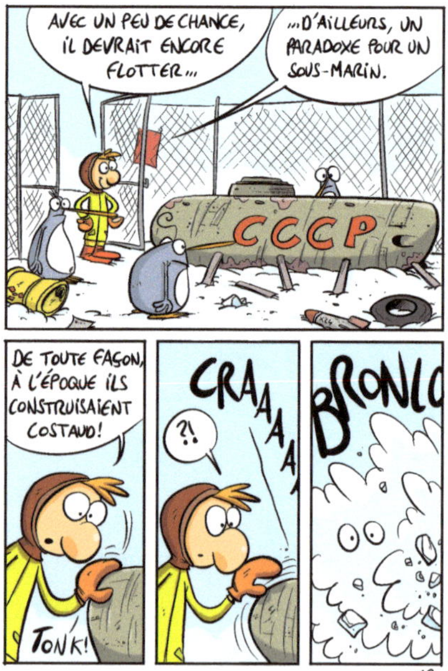
AVEC UN PEU DE CHANCE, IL DEVRAIT ENCORE FLOTTER...
...D'AILLEURS, UN PARADOXE POUR UN SOUS-MARIN.
CCCP
DE TOUTE FAÇON, À L'ÉPOQUE ILS CONSTRUISAIENT COSTAUD!
TONK!
?!
CRAAAAA

12

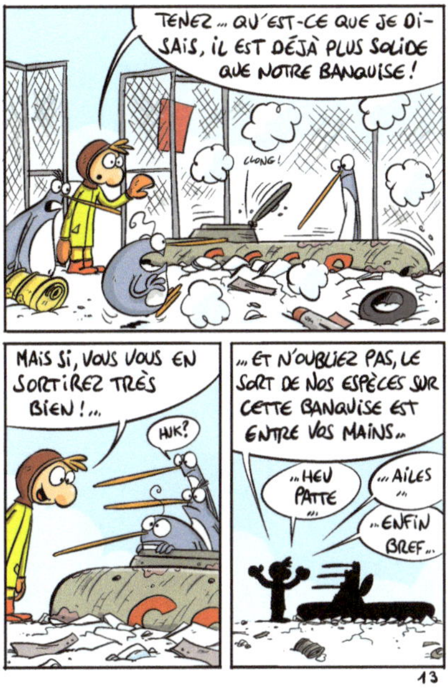
TENEZ... QU'EST-CE QUE JE DI-SAIS, IL EST DÉJÀ PLUS SOLIDE QUE NOTRE BANQUISE !
CLONG !
MAIS SI, VOUS VOUS EN SORTIREZ TRÈS BIEN !...
HUK?
...ET N'OUBLIEZ PAS, LE SORT DE NOS ESPÈCES SUR CETTE BANQUISE EST ENTRE VOS MAINS...
...HEU PATTE...
...AILES...
...ENFIN BREF...

13

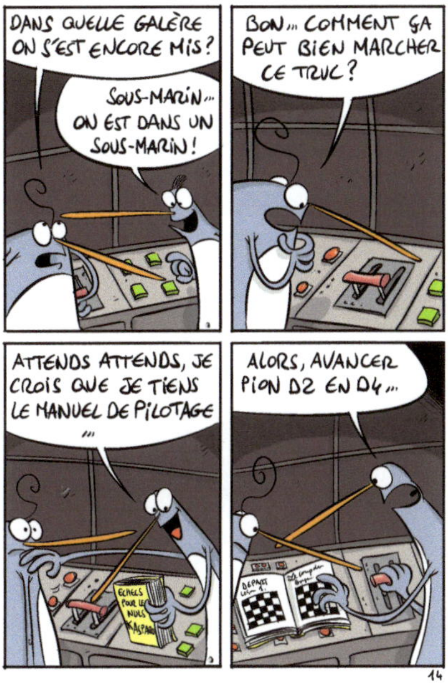
DANS QUELLE GALÈRE ON S'EST ENCORE MIS ?
SOUS-MARIN... ON EST DANS UN SOUS-MARIN !
BON... COMMENT ÇA PEUT BIEN MARCHER CE TRUC ?
ATTENDS ATTENDS, JE CROIS QUE JE TIENS LE MANUEL DE PILOTAGE...
ÉCHECS POUR LES NULS
ALORS, AVANCER PION D2 EN D4...

14

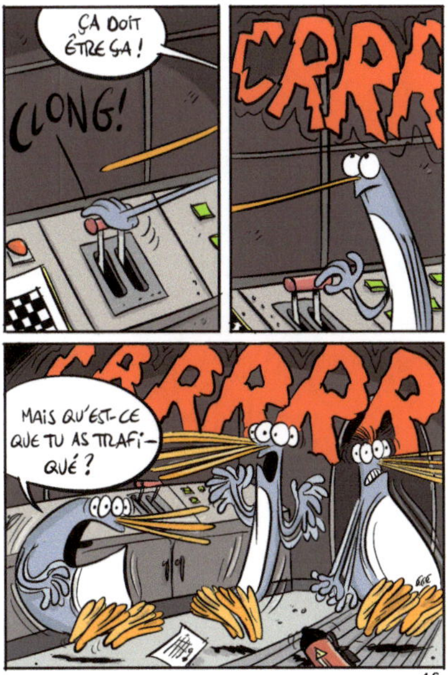
ÇA DOIT ÊTRE ÇA !
CLONG!
CRRR
CRRRR
MAIS QU'EST-CE QUE TU AS TRAFI-QUÉ ?

15

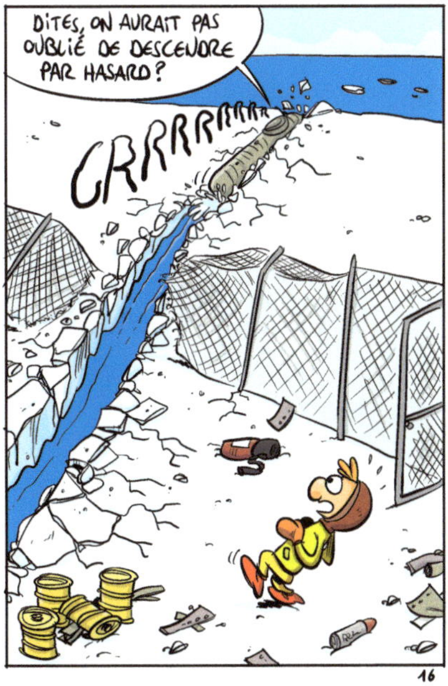
DITES, ON AURAIT PAS OUBLIÉ DE DESCENDRE PAR HASARD ?
CRRRRRRRR

16

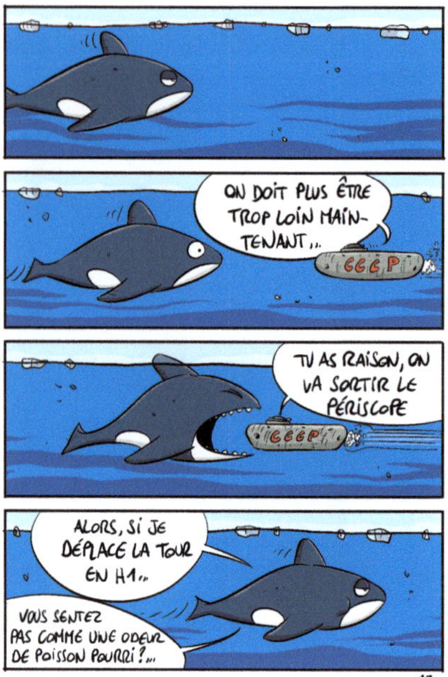
ON DOIT PLUS ÊTRE TROP LOIN MAIN-TENANT...
CCCP
TU AS RAISON, ON VA SORTIR LE PÉRISCOPE
ALORS, SI JE DÉPLACE LA TOUR EN H1...
VOUS SENTEZ PAS COMME UNE ODEUR DE POISSON POURRI ?...

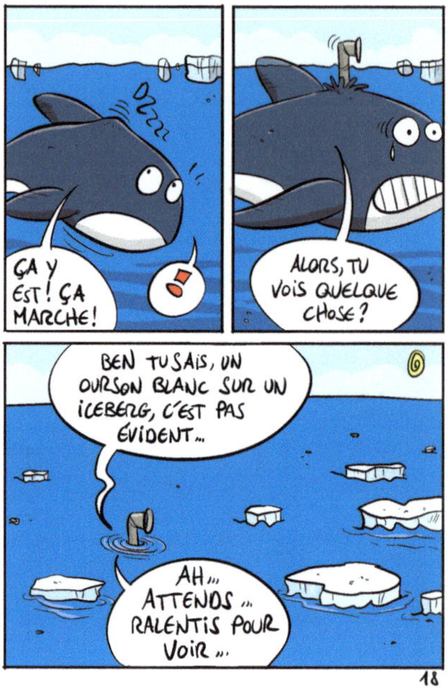
DZZZZ
ÇA Y EST ! ÇA MARCHE !
!
ALORS, TU VOIS QUELQUE CHOSE ?
BEN TU SAIS, UN OURSON BLANC SUR UN ICEBERG, C'EST PAS ÉVIDENT...
AH... ATTENDS... RALENTIS POUR VOIR...

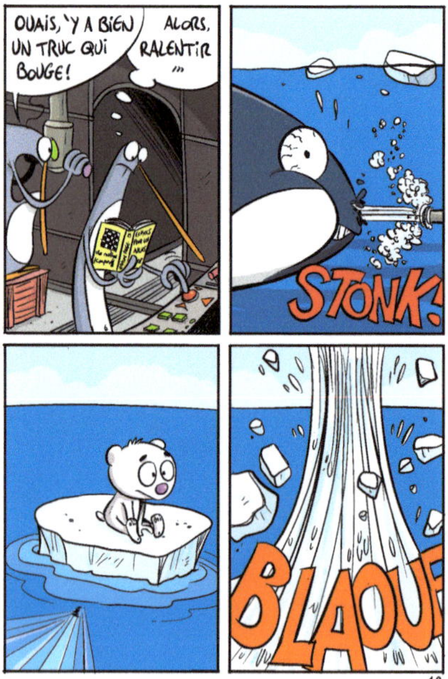
OUAIS, 'Y A BIEN UN TRUC QUI BOUGE !
ALORS, RALENTIR...
STONK!
BLAOUF

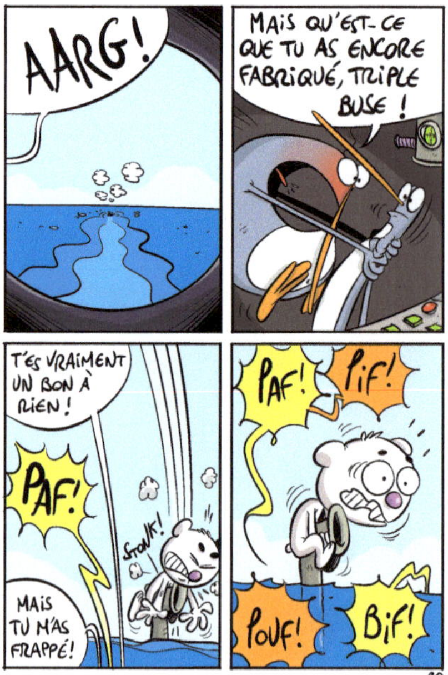
AARG !
MAIS QU'EST-CE QUE TU AS ENCORE FABRIQUÉ, TRIPLE BUSE !
T'ES VRAIMENT UN BON À RIEN !
PAF!
STONK!
MAIS TU M'AS FRAPPÉ !
PAF!
PIF!
POUF!
BIF!

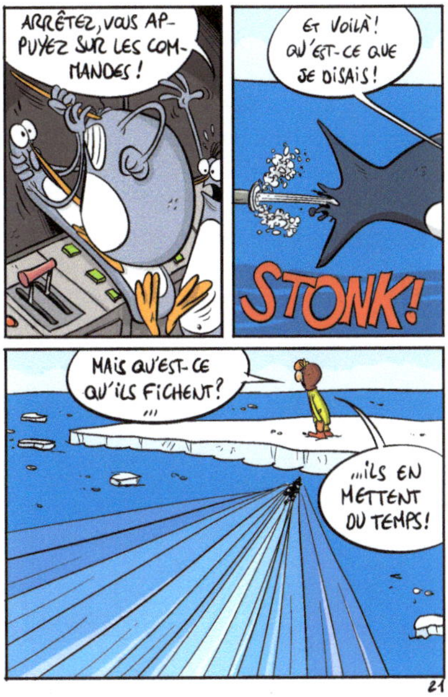
ARRÊTEZ, VOUS APPUYEZ SUR LES COMMANDES !
ET VOILÀ ! QU'EST-CE QUE JE DISAIS !
STONK !
MAIS QU'EST-CE QU'ILS FICHENT ?...
...ILS EN METTENT DU TEMPS !

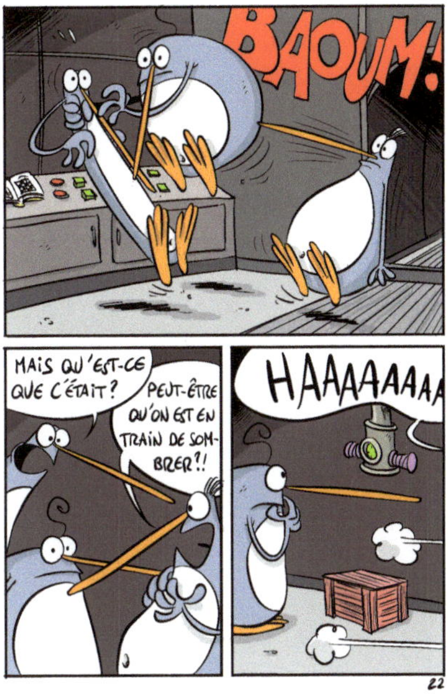
BAOUM !
MAIS QU'EST-CE QUE C'ÉTAIT ?
PEUT-ÊTRE QU'ON EST EN TRAIN DE SOMBRER ?!
HAAAAAAAA

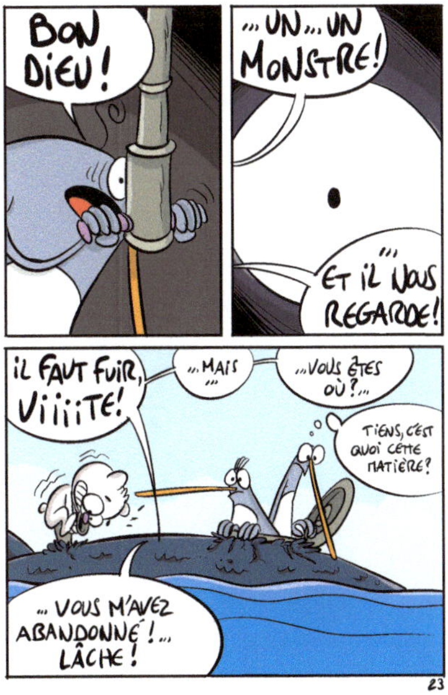
BON DIEU !
...UN... UN MONSTRE !
...ET IL NOUS REGARDE !
IL FAUT FUIR, VIIIITE !
...MAIS...
...VOUS ÊTES OÙ ?...
TIENS, C'EST QUOI CETTE MATIÈRE ?
...VOUS M'AVEZ ABANDONNÉ !... LÂCHE !

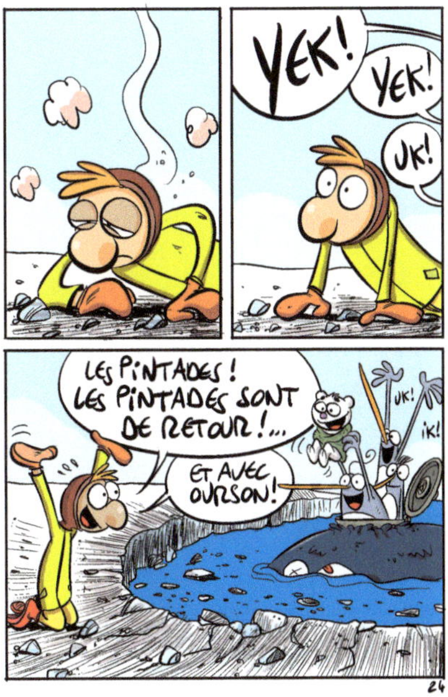
YEK !
YEK !
UK !
LES PINTADES ! LES PINTADES SONT DE RETOUR !...
ET AVEC OURSON !
UK !
IK !

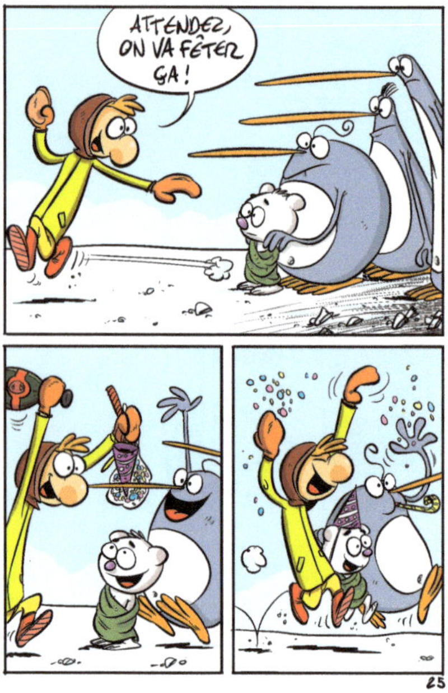
ATTENDEZ, ON VA FÊTER ÇA !

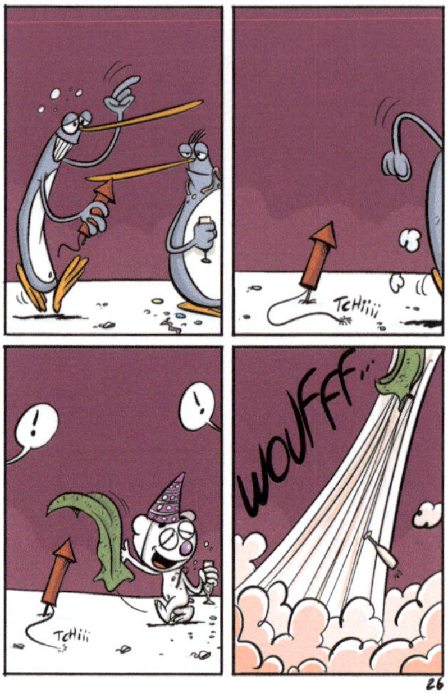
TCHiii
!
!
TCHiii
WOUFFF...

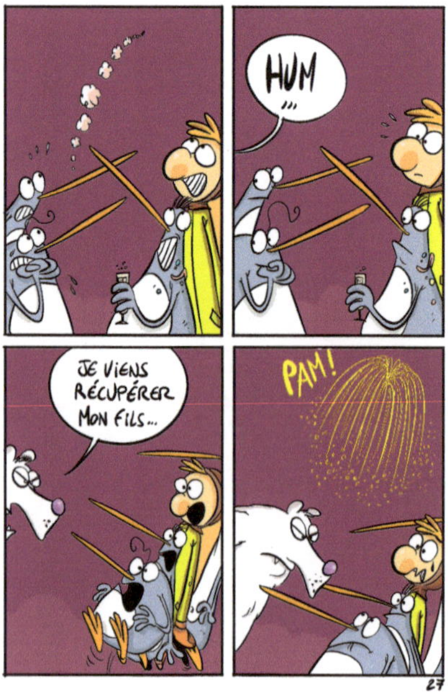
HUM
JE VIENS RÉCUPÉRER MON FILS...
PAM!

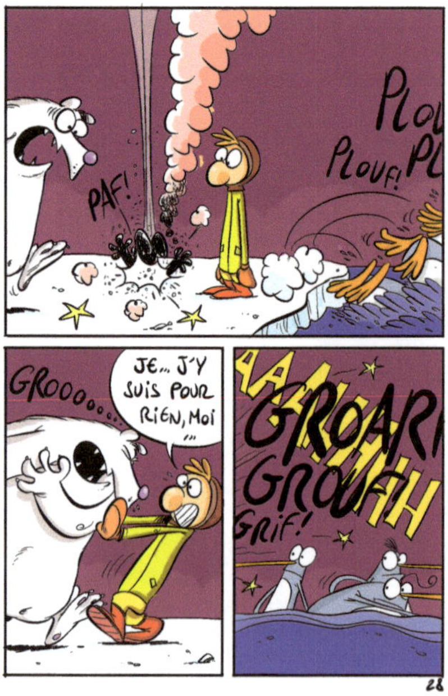
PAF!
PLOU
PL
PLOUF!
GROOOO...
JE... J'Y SUIS POUR RIEN, MOI
GROAR
GROUFH
GRIF!

HAN! HAN! HAN! HAN!
FIN

ÉPILOGUE
HA OUAIS, JOLI COUP !
ROULROULROU...
?
EXCUSEZ-MOI...
ÇA VOUS DÉRANGERAIT DE ME GARDER LE PETIT, UN INSTANT ?

SLURP!

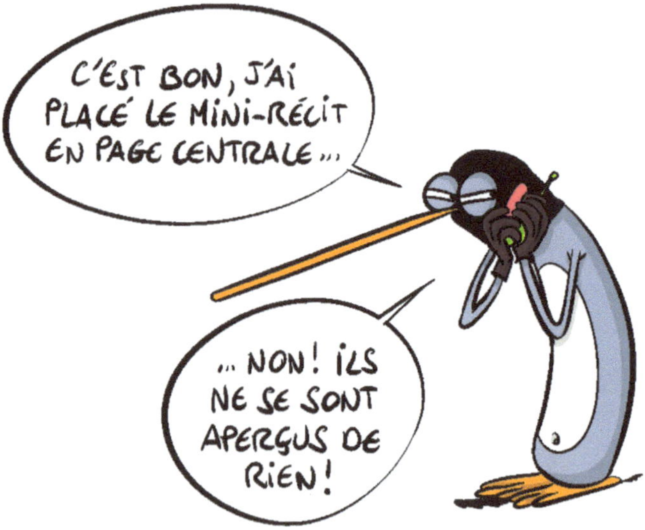
C'EST BON, J'AI PLACÉ LE MINI-RÉCIT EN PAGE CENTRALE...
... NON ! ILS NE SE SONT APERÇUS DE RIEN !

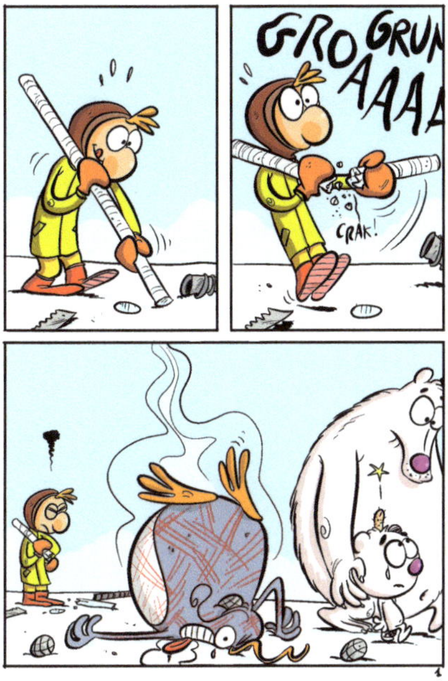
GRO
GRUN
AAAA
CRAK!

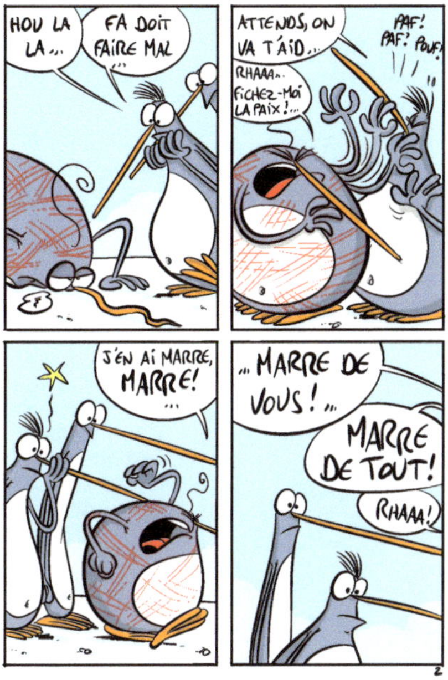
HOU LA LA...
ÇA DOIT FAIRE MAL ...
ATTENDS, ON VA T'AID...
PAF! PAF! POUF!
RHAAA... FICHEZ-MOI LA PAIX!...
J'EN AI MARRE, MARRE! ...
... MARRE DE VOUS! ...
MARRE DE TOUT!
RHAAA!

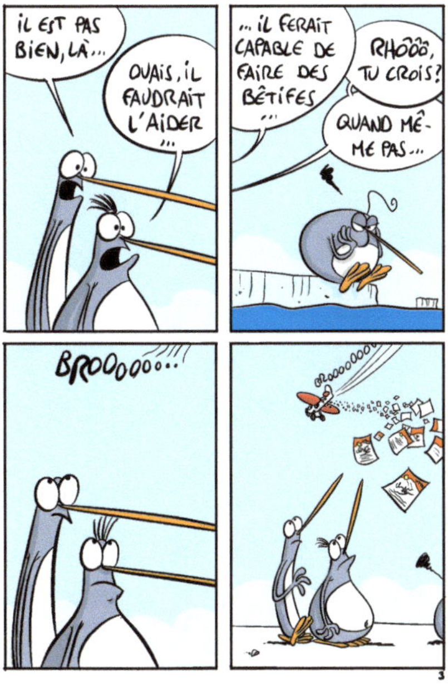
IL EST PAS BIEN, LÀ...
OUAIS, IL FAUDRAIT L'AIDER ...
... IL SERAIT CAPABLE DE FAIRE DES BÊTISES ...
RHÔÔÔ, TU CROIS?
QUAND MÊME PAS...
BROOOOOO...

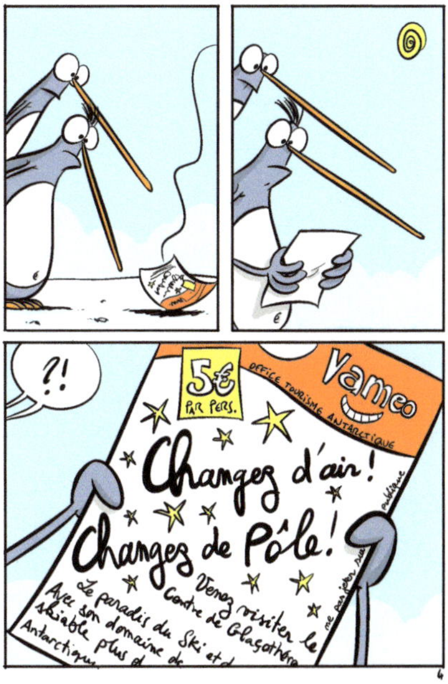
?!
5€ PAR PERS.
Vameo
OFFICE TOURISME ANTARCTIQUE
Changez d'air!
Changez de Pôle!
Venez visiter le
Le paradis du Ski
Avec son domaine
publicité
ne pas jeter sur

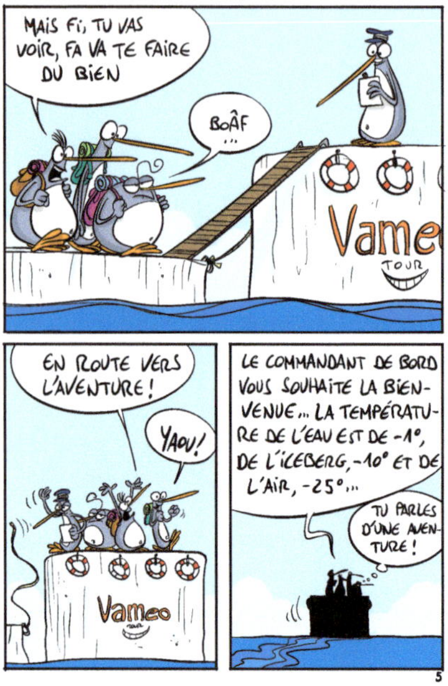
MAIS FI, TU VAS VOIR, FA VA TE FAIRE DU BIEN
BOÂF ...
Vameo TOUR
EN ROUTE VERS L'AVENTURE!
YAOU!
Vameo
LE COMMANDANT DE BORD VOUS SOUHAITE LA BIENVENUE... LA TEMPÉRATURE DE L'EAU EST DE -1°, DE L'ICEBERG, -10° ET DE L'AIR, -25°...
TU PARLES D'UNE AVENTURE!

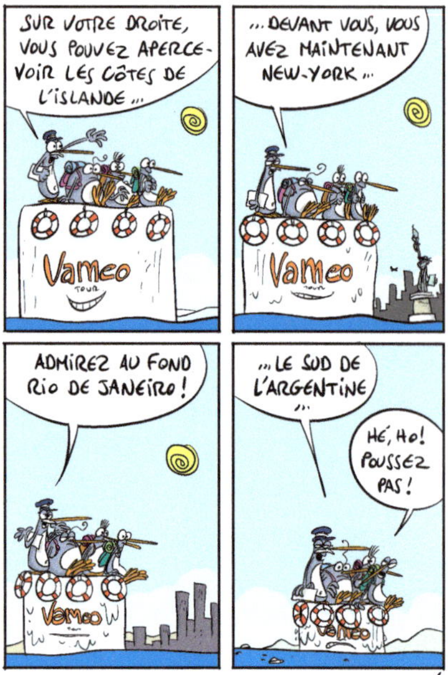
SUR VOTRE DROITE, VOUS POUVEZ APERCEVOIR LES CÔTES DE L'ISLANDE...
Vameo TOUR
...DEVANT VOUS, VOUS AVEZ MAINTENANT NEW-YORK...
Vameo
ADMIREZ AU FOND RIO DE JANEIRO!
Vameo
...LE SUD DE L'ARGENTINE ...
HÉ, HO! POUSSEZ PAS!

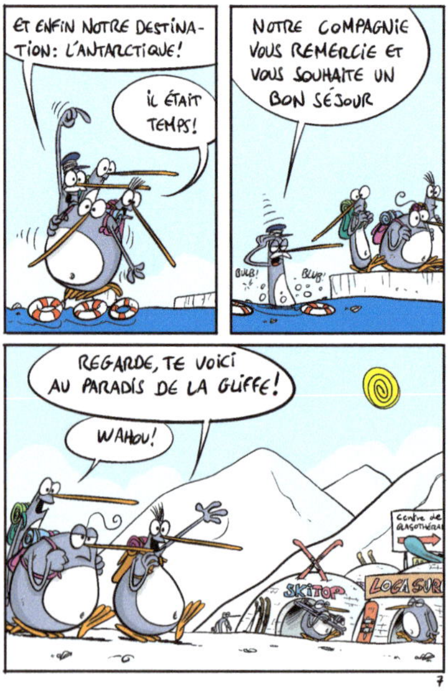
ET ENFIN NOTRE DESTINATION: L'ANTARCTIQUE!
IL ÉTAIT TEMPS!
NOTRE COMPAGNIE VOUS REMERCIE ET VOUS SOUHAITE UN BON SÉJOUR
BLUB!
BLUB!
REGARDE, TE VOICI AU PARADIS DE LA GLIFFE!
WAHOU!
SKITOP
LOCASUR

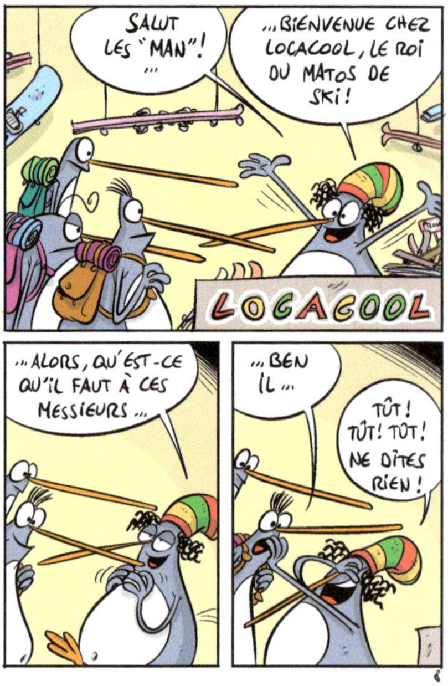
SALUT LES "MAN"! ...
...BIENVENUE CHEZ LOCACOOL, LE ROI DU MATOS DE SKI!
LOCACOOL
...ALORS, QU'EST-CE QU'IL FAUT À CES MESSIEURS...
...BEN IL...
TÛT! TÛT! TÛT! NE DITES RIEN!

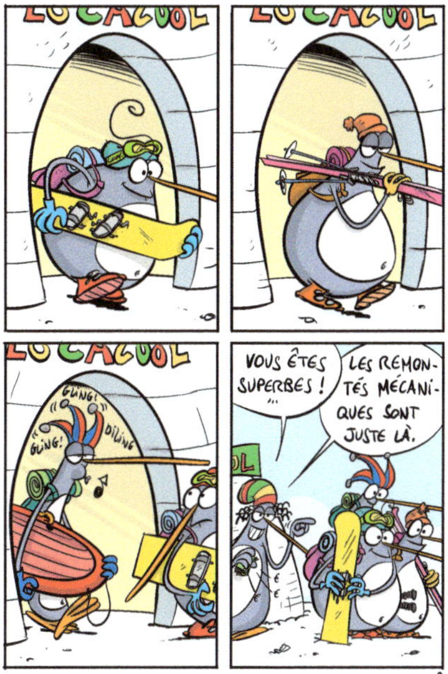
GLING!
DILING
GLING!
VOUS ÊTES SUPERBES !
LES REMONTÉS MÉCANIQUES SONT JUSTE LÀ.

9

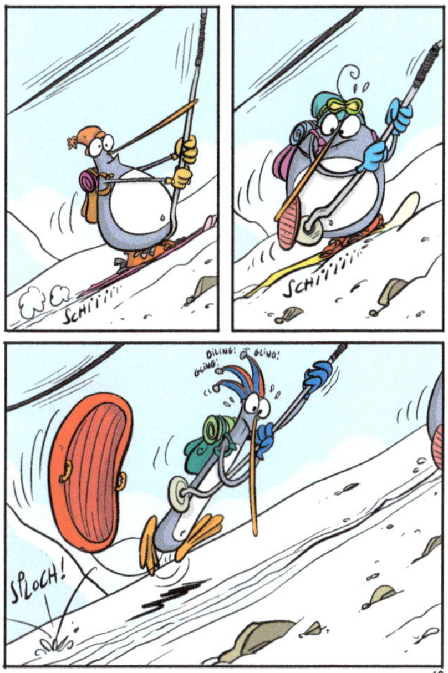
SCHIIIII
SCHIIIIIII
DILING! GLING!
GLING!
SPLOCH!

10

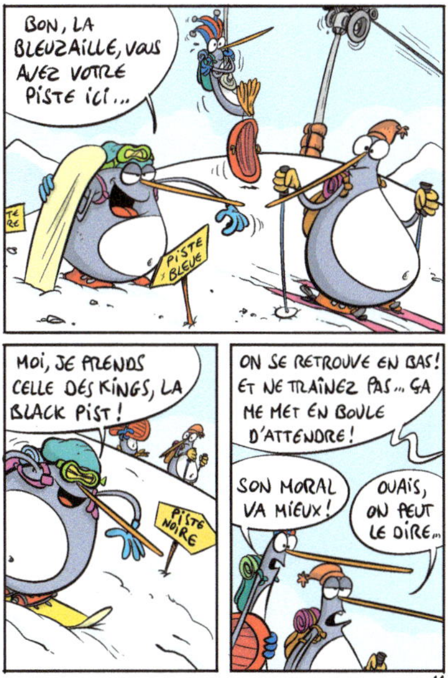
BON, LA BLEUZAILLE, VOUS AVEZ VOTRE PISTE ICI...
PISTE BLEUE
MOI, JE PRENDS CELLE DES KINGS, LA BLACK PIST !
PISTE NOIRE
ON SE RETROUVE EN BAS ! ET NE TRAINEZ PAS... ÇA ME MET EN BOULE D'ATTENDRE !
SON MORAL VA MIEUX !
OUAIS, ON PEUT LE DIRE...

11

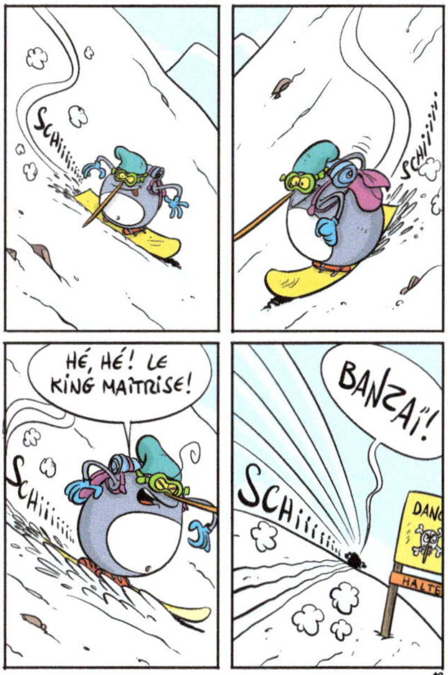
SCHIIIIII
SCHIIIII
HÉ, HÉ ! LE KING MAITRISE !
SCHIIIIII
BANZAÏ !
SCHIIIIIII
HALTE

12

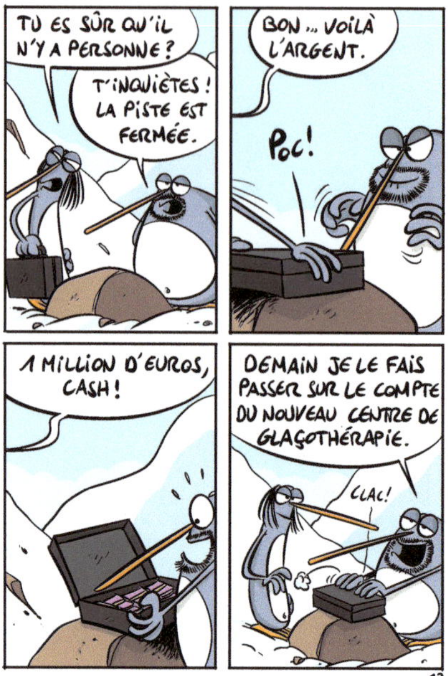
TU ES SÛR QU'IL N'Y A PERSONNE ?
T'INQUIÈTES ! LA PISTE EST FERMÉE.
BON... VOILÀ L'ARGENT.
POC !
1 MILLION D'EUROS, CASH !
DEMAIN JE LE FAIS PASSER SUR LE COMPTE DU NOUVEAU CENTRE DE GLAÇOTHÉRAPIE.
CLAC !

13

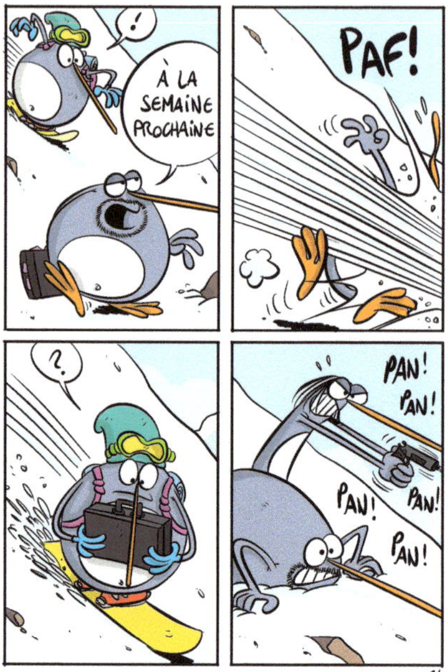
!
À LA SEMAINE PROCHAINE
PAF !
?
PAN ! PAN ! PAN ! PAN ! PAN !

14

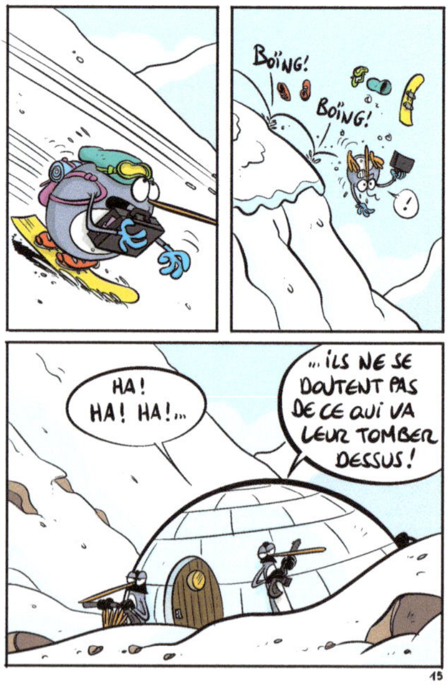
BOÏNG !
BOÏNG !
!
HA ! HA ! HA !...
... ILS NE SE DOUTENT PAS DE CE QUI VA LEUR TOMBER DESSUS !

15

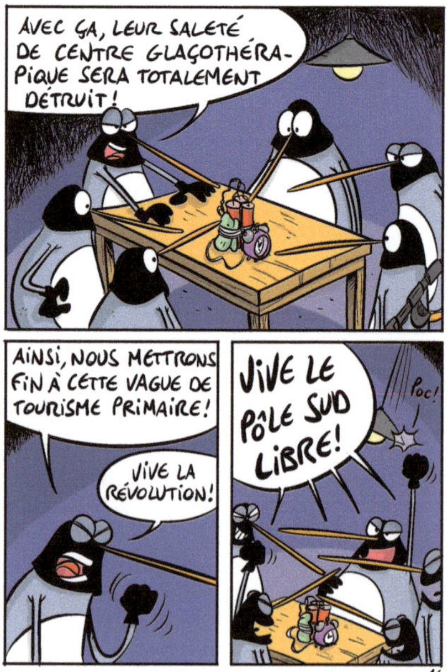
AVEC ÇA, LEUR SALETÉ DE CENTRE GLAÇOTHÉRAPIQUE SERA TOTALEMENT DÉTRUIT !
AINSI, NOUS METTRONS FIN À CETTE VAGUE DE TOURISME PRIMAIRE !
VIVE LA RÉVOLUTION !
VIVE LE PÔLE SUD LIBRE !
POC !

16

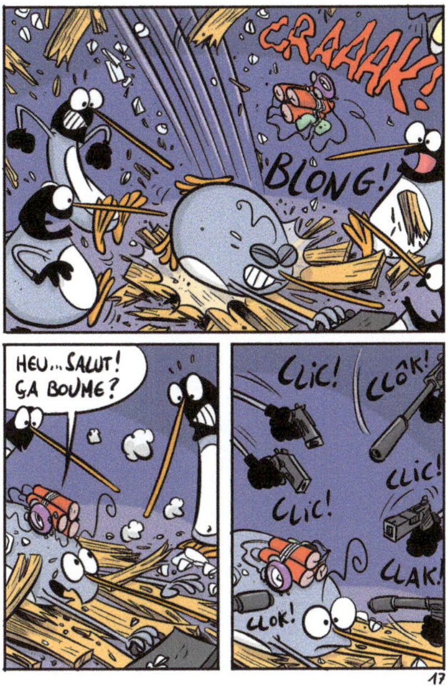
CRAAAK!
BLONG!
HEU... SALUT! ÇA BOUME?
CLIC!
CLÔK!
CLIC!
CLIC!
CLAK!
CLOK!

17

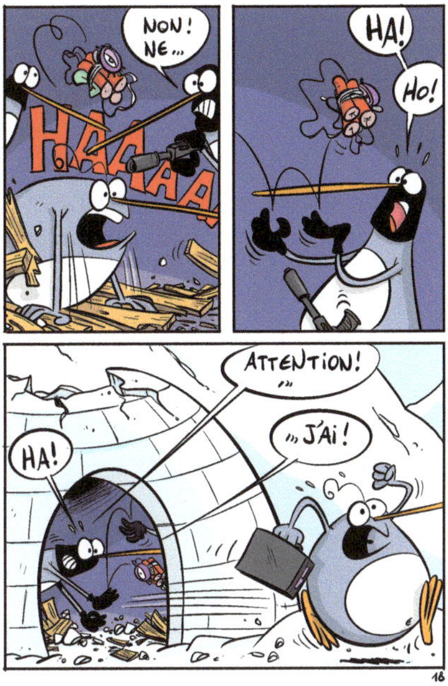
NON! NE...
HAAAAA!
HA!
HO!
ATTENTION! ...
...J'AI!
HA!

18

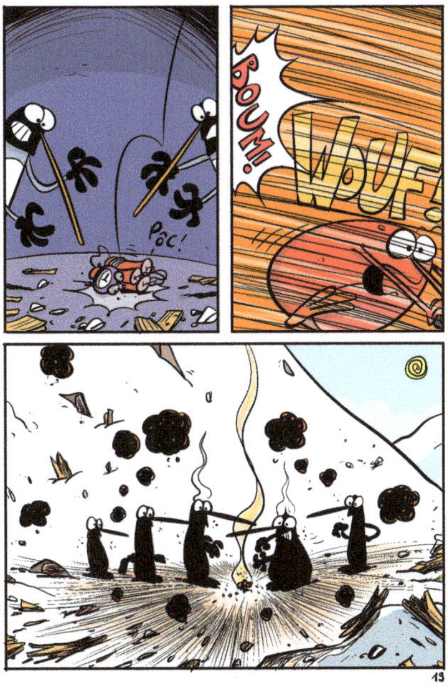
PÔC!
BOUM!!
WOUF!

19

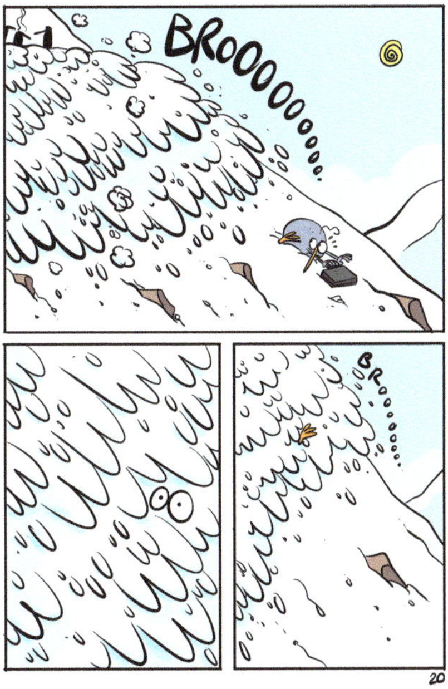
BROOOOOOOOO...
BROOOOOOOO...

20

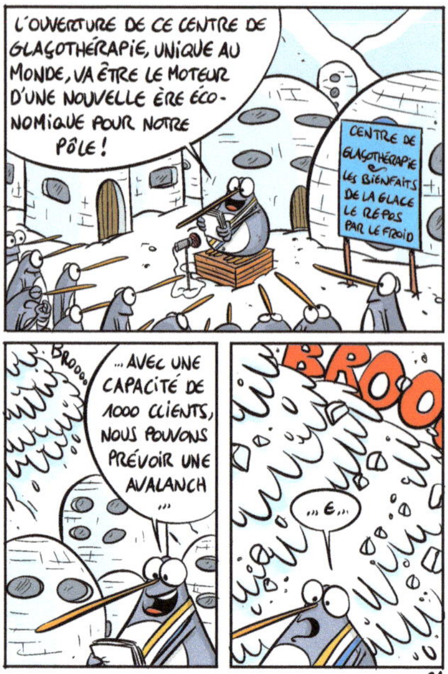
L'OUVERTURE DE CE CENTRE DE GLAÇOTHÉRAPIE, UNIQUE AU MONDE, VA ÊTRE LE MOTEUR D'UNE NOUVELLE ÈRE ÉCONOMIQUE POUR NOTRE PÔLE !
CENTRE DE GLAÇOTHÉRAPIE
LES BIENFAITS DE LA GLACE
LE REPOS PAR LE FROID
BROOOO
... AVEC UNE CAPACITÉ DE 1000 CLIENTS, NOUS POUVONS PRÉVOIR UNE AVALANCH ...
BROOO
... E ...

21

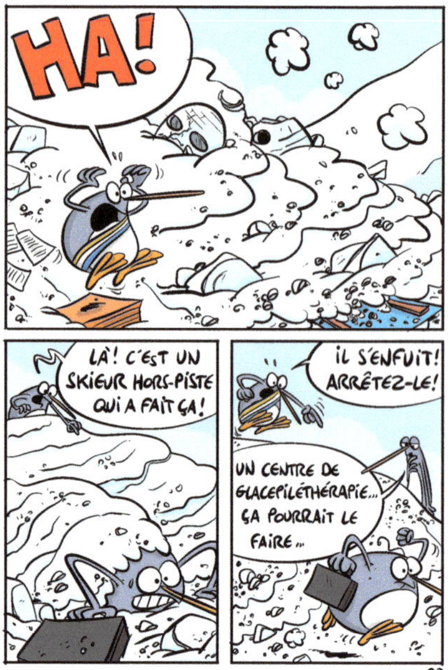
HA!
LÀ! C'EST UN SKIEUR HORS-PISTE QUI A FAIT ÇA!
IL S'ENFUIT! ARRÊTEZ-LE!
UN CENTRE DE GLACEPILÉTHÉRAPIE... ÇA POURRAIT LE FAIRE...

22

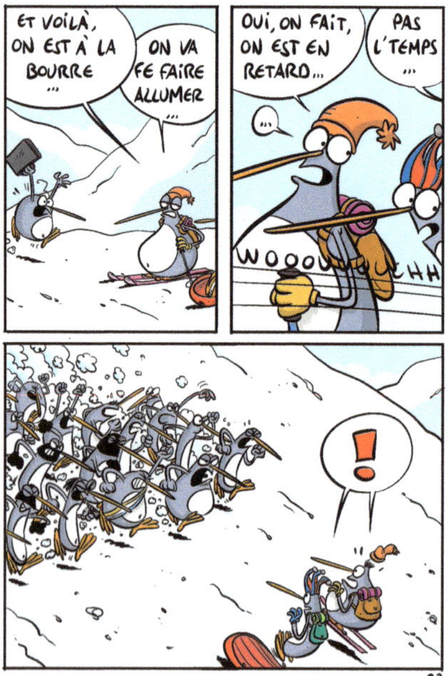
ET VOILÀ, ON EST À LA BOURRE ...
ON VA SE FAIRE ALLUMER ...
OUI, ON FAIT, ON EST EN RETARD...
PAS L'TEMPS ...
...
WOOOUUUOCHH
!

23

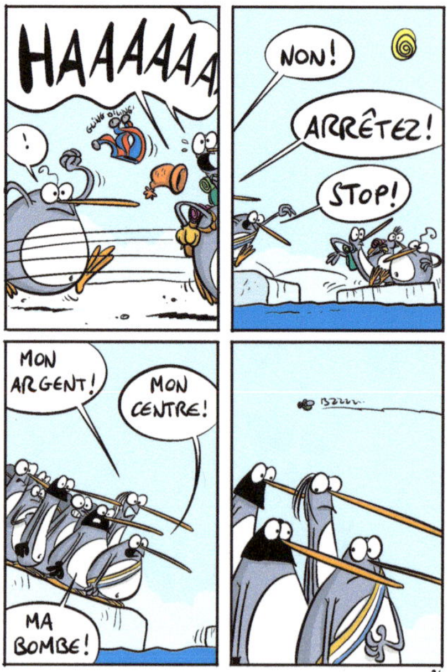
HAAAAAA
!
NON!
ARRÊTEZ!
STOP!
MON ARGENT!
MON CENTRE!
MA BOMBE!
BZZZ...

24

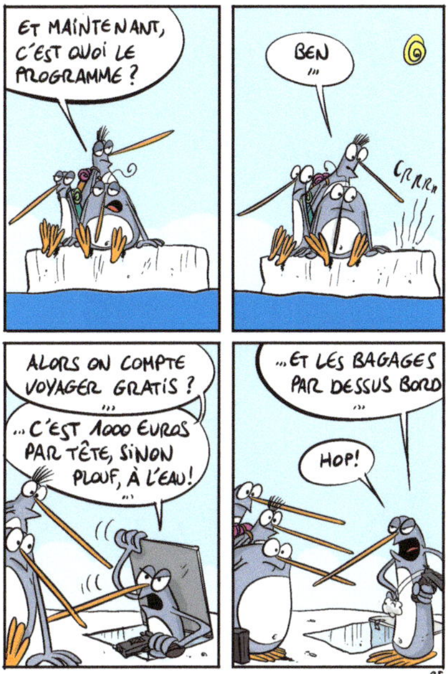
ET MAINTENANT, C'EST QUOI LE PROGRAMME ?
BEN ...
CRRR!!
ALORS ON COMPTE VOYAGER GRATIS ? ...
... C'EST 1000 EUROS PAR TÊTE, SINON PLOUF, À L'EAU! ...
...ET LES BAGAGES PAR DESSUS BORD ...
HOP!

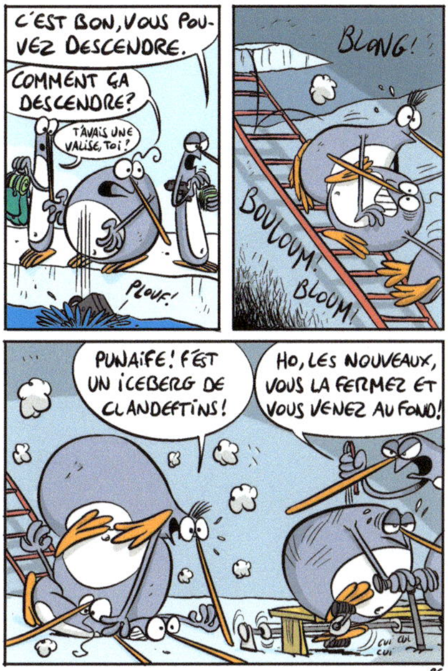
C'EST BON, VOUS POUVEZ DESCENDRE.
COMMENT ÇA DESCENDRE?
T'AVAIS UNE VALISE, TOI!
PLOUF!
BLONG!
BOULOUM!
BLOUM!
PUNAIFE! C'EST UN ICEBERG DE CLANDEFTINS!
HO, LES NOUVEAUX, VOUS LA FERMEZ ET VOUS VENEZ AU FOND!
CUI CUI
CUI CUI

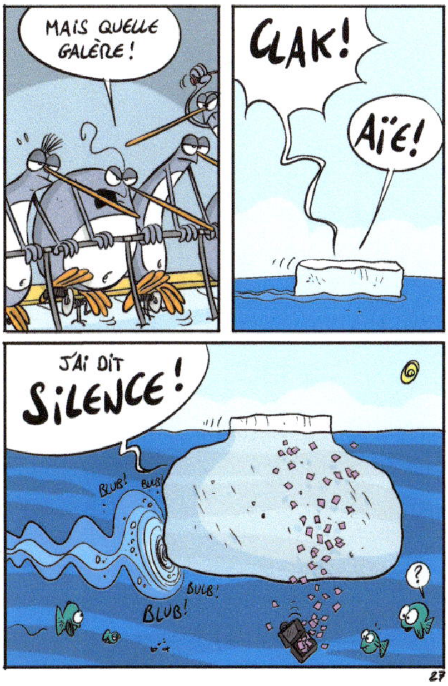
MAIS QUELLE GALÈRE!
CLAK!
AÏE!
J'AI DIT SILENCE!
BLUB!
BULB!
BULB!
BLUB!
?

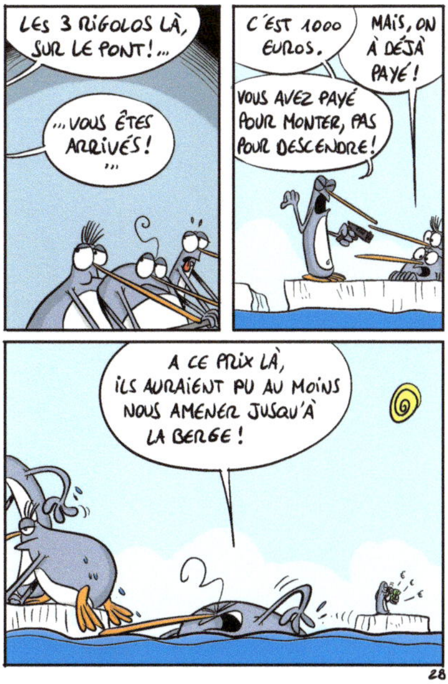
LES 3 RIGOLOS LÀ, SUR LE PONT! ...
... VOUS ÊTES ARRIVÉS! ...
C'EST 1000 EUROS.
MAIS, ON A DÉJÀ PAYÉ!
VOUS AVEZ PAYÉ POUR MONTER, PAS POUR DESCENDRE!
A CE PRIX LÀ, ILS AURAIENT PU AU MOINS NOUS AMENER JUSQU'À LA BERGE!

EN TOUS CAS, MERCI LES GARS ...
...GRÂCE À VOUS J'AI RETROUVÉ UN MORAL D'ENFER! ...
... MAINTENANT, LE PREMIER QUI ME PARLE DE CE DE VOYAGE ...
... JE LE ...
OHÉ, LES PINTADES ! ALORS CE VOYAGE ?!
NON, NE...
29

TA GUEU
POC!
HOULALA... FA DOIT FAIRE MAL ...
30

CRRR...

L'art du crowdfunding en humour

« Les Givrés » ont été édités grâce aux édinautes de Sandawe.com. Pour les convaincre de financer les albums (ce qui n'est pas toujours facile…), Bruno Madaule a imaginé des animations délirantes.

En voici quelques exemples.

MEGA OFFRE !
12 mars 2015

UNE OFFRE EXCEPTIONNELLE !
Le premier qui arrive à 5% se verra offrir un mini iceberg véritable !

45

DES GIVRÉS ! TOUT PLEIN !

18 septembre 2015

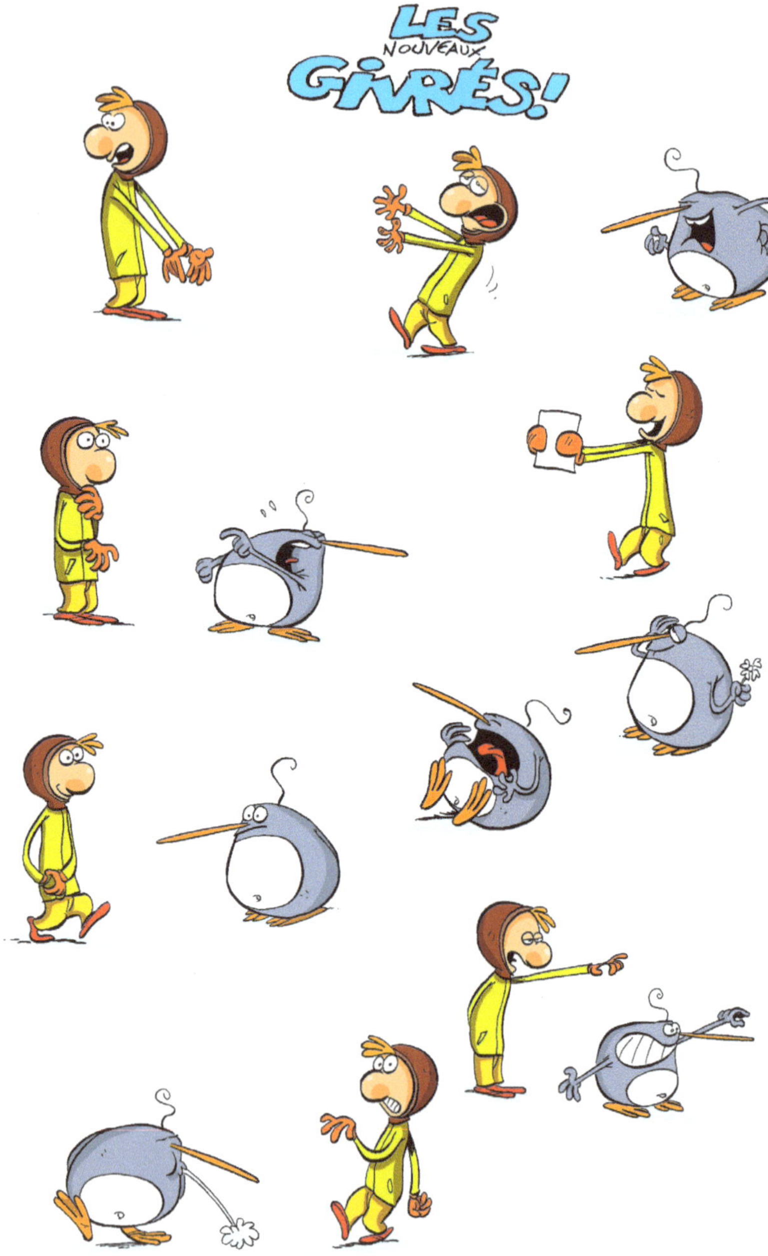
LES NOUVEAUX GIVRÉS!

J'ai retrouvé dans mes archives une petite page d'essais des Givrés.
L'objectif était de me faire la main avant de commencer la série.

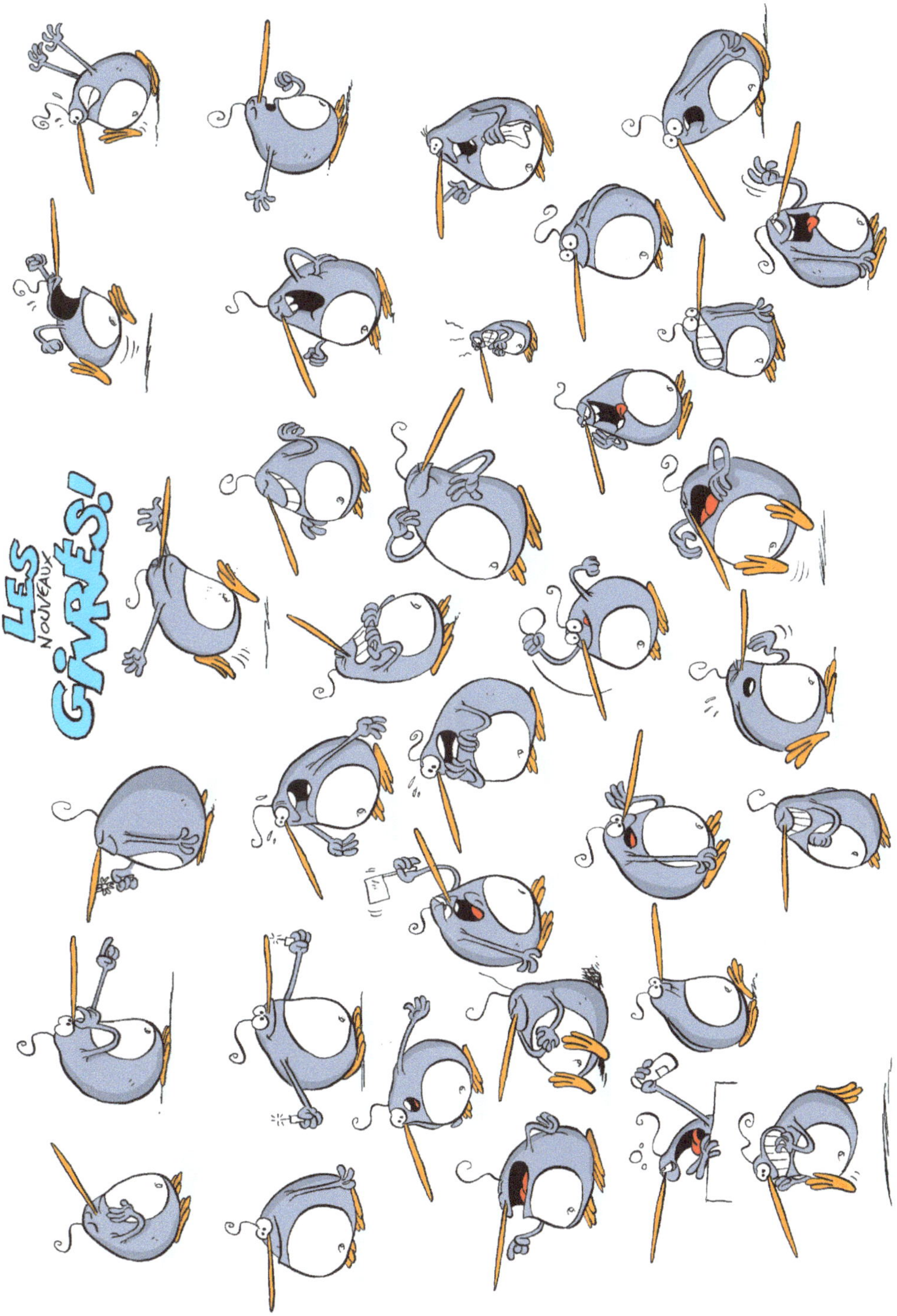
LES NOUVEAUX GIVRÉS!

LES GIVRÉS ONT LE FEU AU CUL !

06 novembre 2015

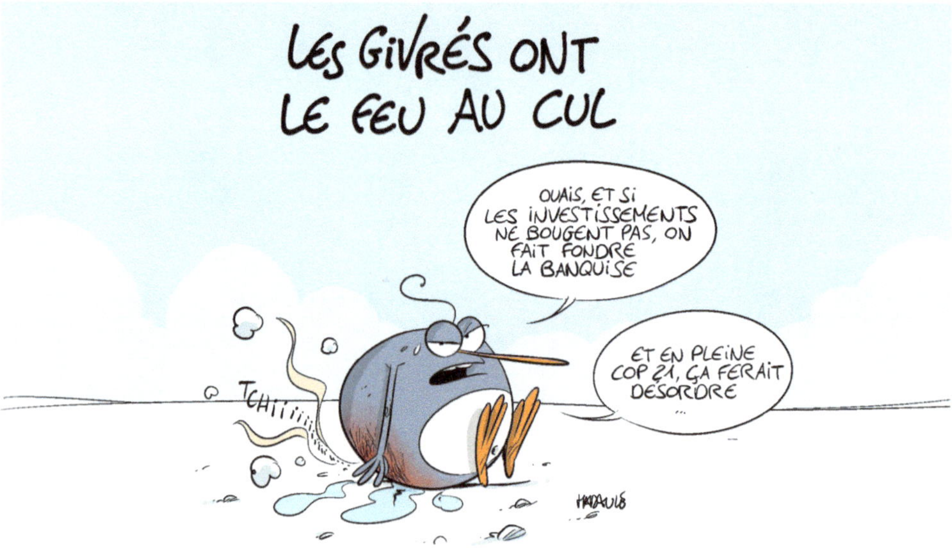
LES GIVRÉS ONT LE FEU AU CUL
OUAIS, ET SI LES INVESTISSEMENTS NE BOUGENT PAS, ON FAIT FONDRE LA BANQUISE
ET EN PLEINE COP 21, ÇA FERAIT DÉSORDRE ...
TCHIIIIII

LES GIVRÉS EN PROJET LIBRE !!!

10 novembre 2015

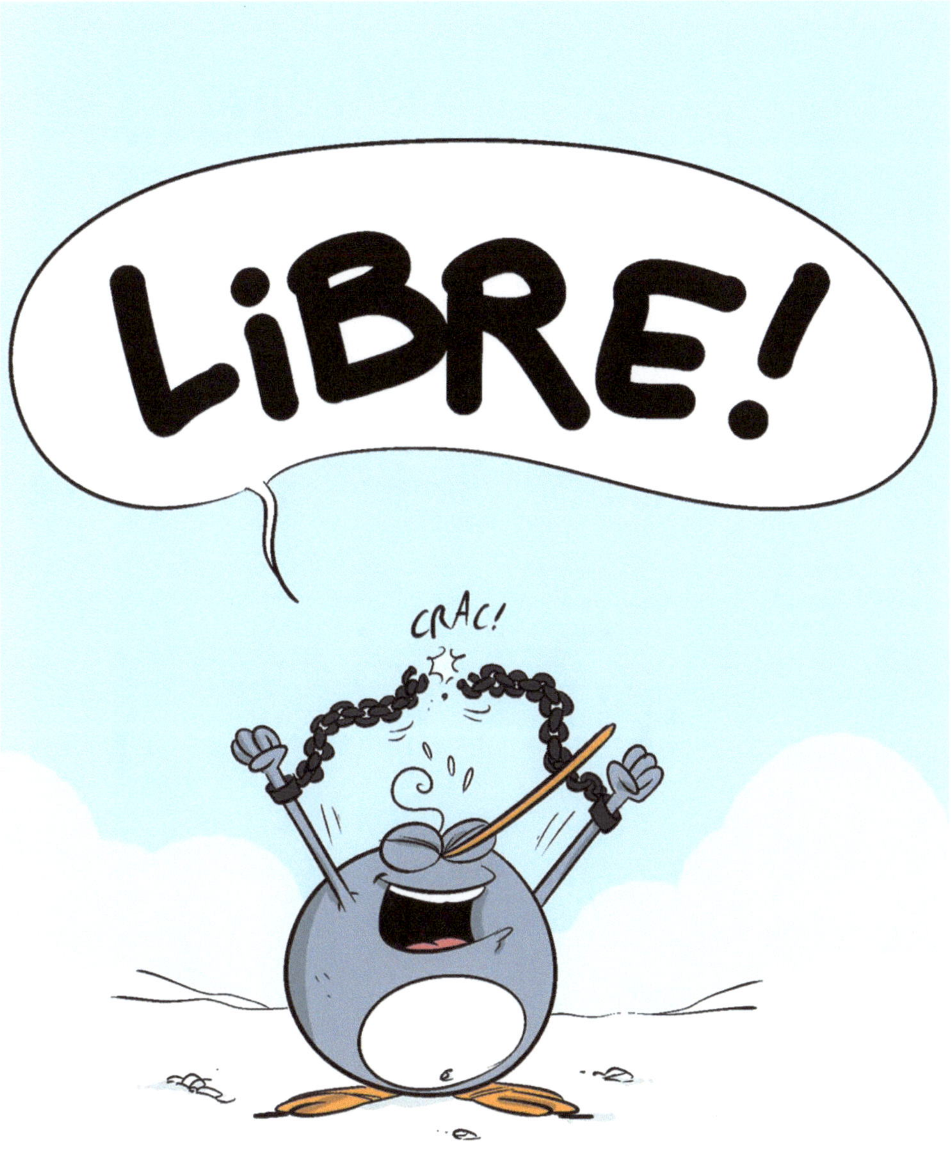
LiBRE!
CRAC!

Cette fois, on y est ! C'est parti pour un nouveau départ ! Avec nouvelles contreparties, nouveau budget et nouvelle motivation !

PLUS QUE 3 ? NON 2 !

25 novembre 2015

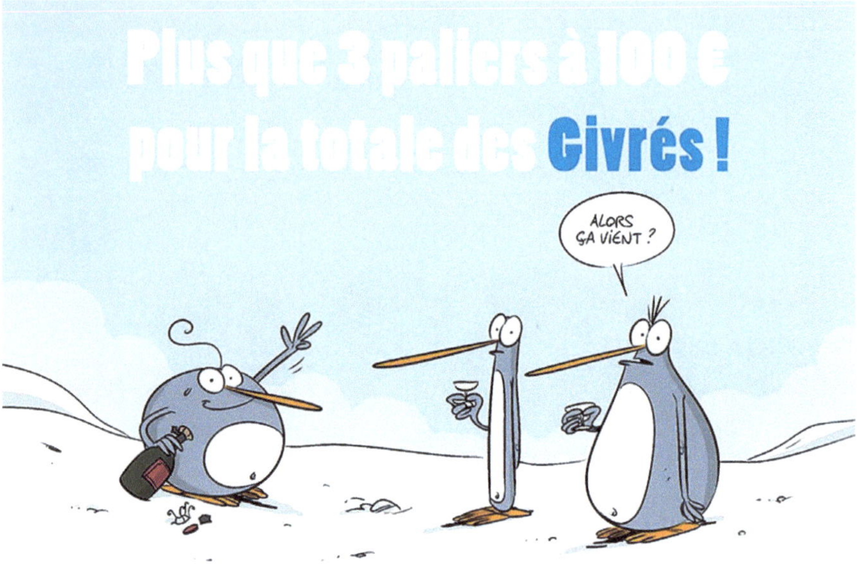
Plus que 3 paliers à 100 €
pour la totale des Givrés !
ALORS ÇA VIENT ?

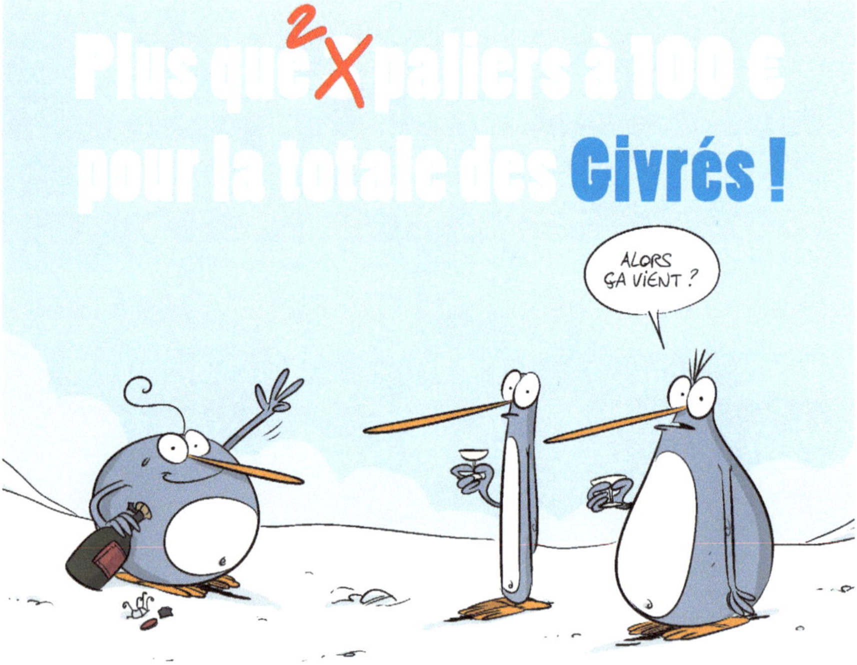
Plus que 2 paliers à 100 €
pour la totale des Givrés !
ALORS ÇA VIENT ?

Il n'y en aura pas pour tout le monde ! Il ne reste que 3 paliers à 100 euros pour se payer la totale des Givrés (3 albums). Et 1 palier à 250 et un autre à 300.

N'oubliez pas que vous aurez entre les mains des albums uniques et extrêmement rares (particulièrement l'album strips et Origine) car leurs tirages resteront très très limités !

À 60, C'EST STRIPS !

01 décembre 2015

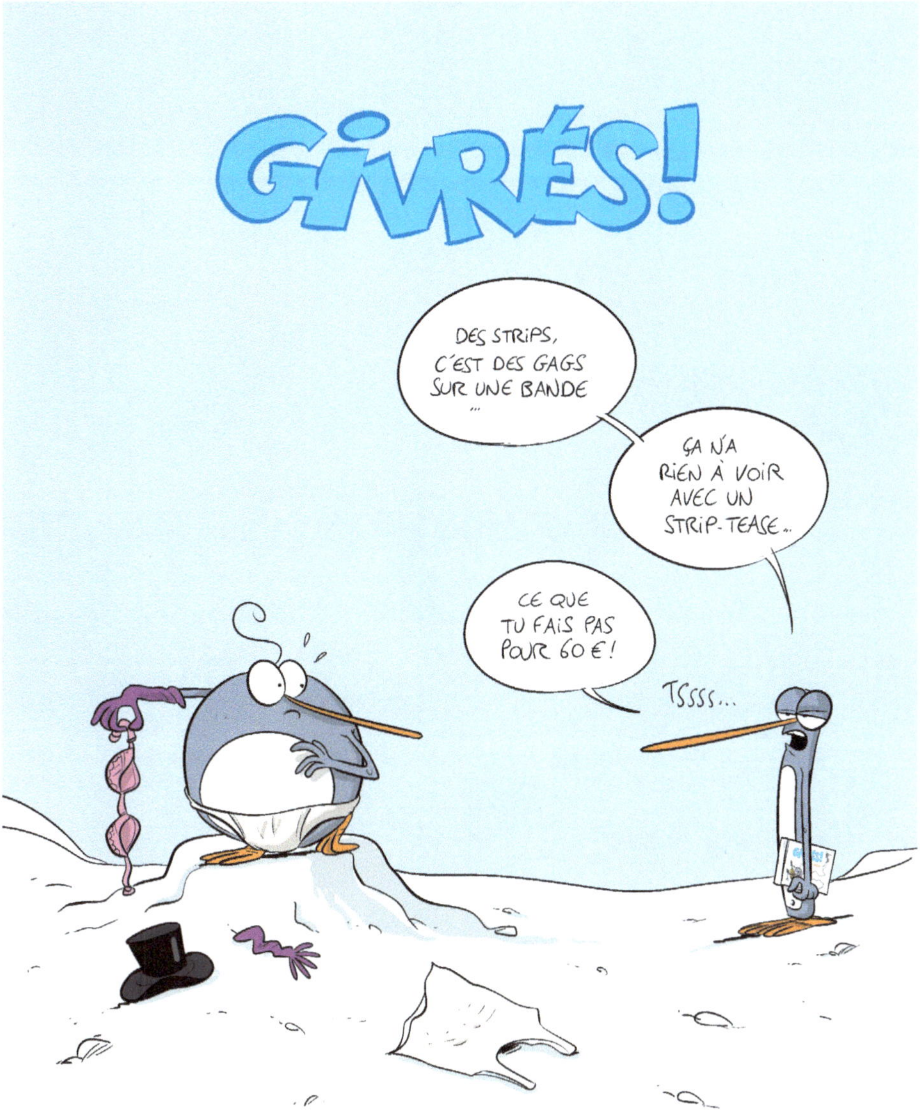
GIVRÉS!
DES STRIPS, C'EST DES GAGS SUR UNE BANDE ...
ÇA N'A RIEN À VOIR AVEC UN STRIP-TEASE...
CE QUE TU FAIS PAS POUR 60 € !
TSSSS...

Il n'y a plus de paliers pour avoir la totale, mais il en reste pour avoir les strips en plus de l'intégrale avec le palier à 60 € !

CRAYON, MON AMOUR !

10 décembre 2015

Au secours !

Je suis à la fin de mon crayon et je ne peux plus continuer à travailler !

Vous seuls pouvez m'aider !

Je mets donc aux enchères ce magnifique crayon pour pouvoir en acheter un autre et ainsi continuer à bosser.

Et puis, c'est Noël, ça pourrait faire un magnifique cadeau, non ?

Alors, à partir de maintenant, le premier qui fait une mise sur le projet, il sera pour lui !

Je compte sur vous ! AAARG !

Caractéristique de l'objet :

Matière : bois

Couleur : vert

Dimension : 5,2 cm de long (de pointe à pointe). Diamètre : 0,75 cm environ

Dureté mine : HB - 1ère main.

LES GIVRÉS ANIMÉS !

15 décembre 2015

Je suis en train de me lancer dans un petit film animé des
« Givrés ». Il s'agit de ma première expérience dans ce domaine.
Ne pouvant pas le montrer sur ce blog, je vous invite à voir l'évolution, étape par étape sur mon
Facebook perso : https://www.facebook.com/bob.polo.56

Pour l'instant, il s'agit juste d'un petit essai, d'un petit brouillon.

NETTOYAGE

04 janvier 2016

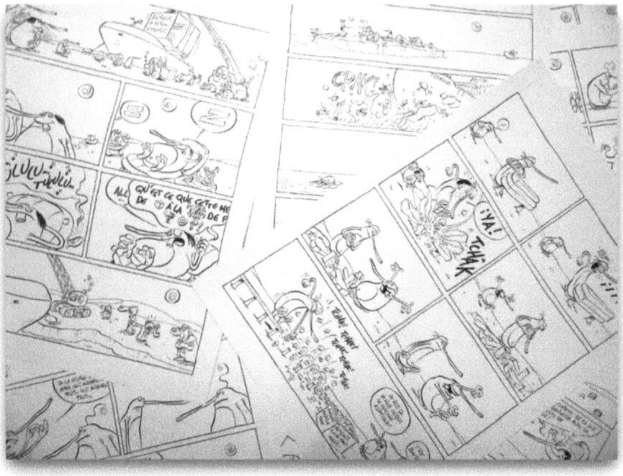
¡YA!
TCHÄK

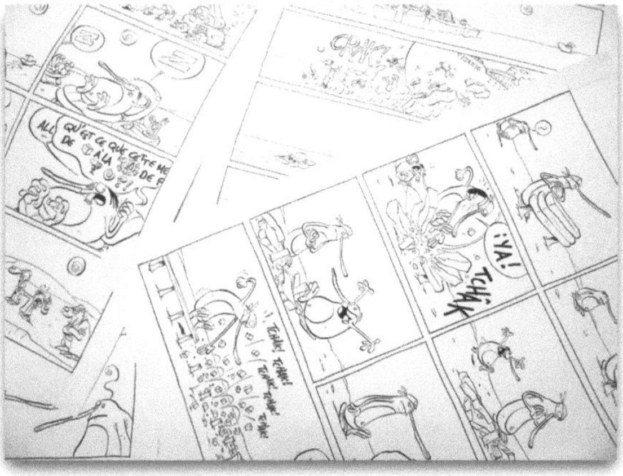
¡YA!
TCHÄK

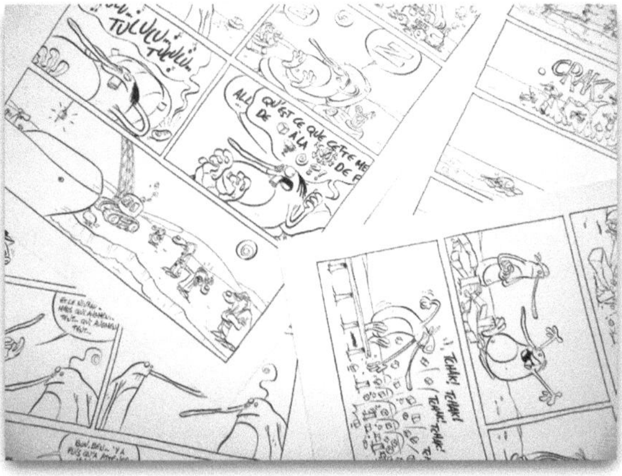

Nettoyage de début d’année.
Je tombe sur des planches des « Givrés », première version.
Il me faut faire de la place.
Hop, poubelle ! :)

ET SI ON FAISAIT DES FIGURINES GIVRÉS ?

07 janvier 2016

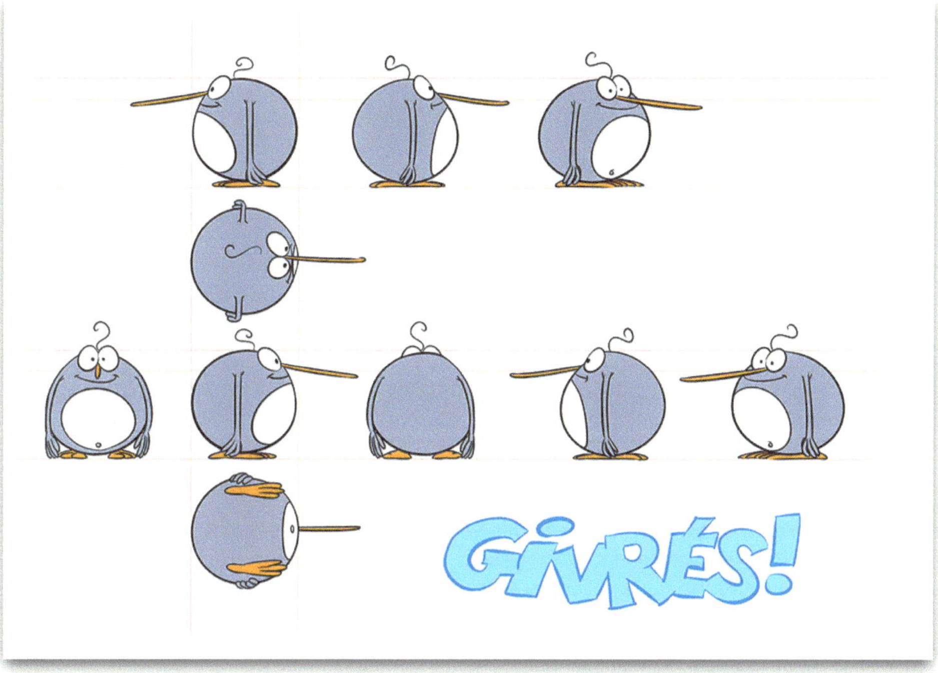
GIVRÉS!

On travaille sur la possibilité de réaliser des figurines des Givrés.
A suivre...

LES GIVRÉS PASSERONT-ILS L'HIVER ?

05 février 2016

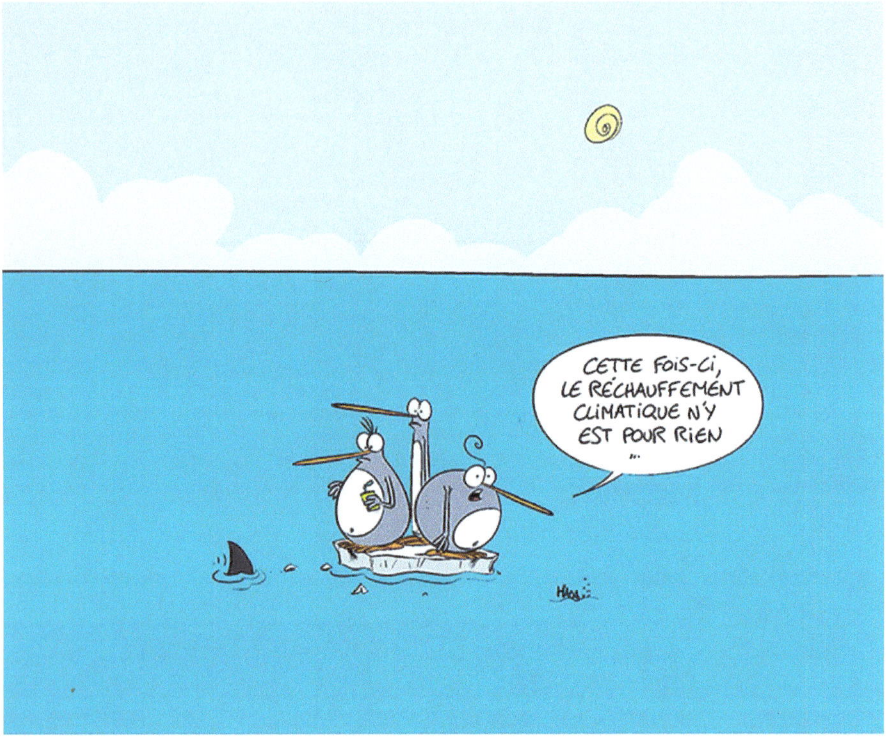
CETTE FOIS-CI, LE RÉCHAUFFEMENT CLIMATIQUE N'Y EST POUR RIEN ...

Bon. Ben. Comment dire ? Ce n'est pas la ruée vers l'or blanc, c'est le moins qu'on puisse dire. Nous pensions qu'avec une prépublication pendant dix ans dans "Spirou", avec une "totale" en trois volumes différents à tirage limité, avec une postpublication dans un quotidien suisse, avec le thème tellement actuel du réchauffement climatique, avec l'humour délirant de Bruno Madaule, bref avec plein d'arguments en leur faveur, les "Givrés" n'auraient eu aucun mal à vous convaincre de participer à l'édition de l'intégrale de leurs maladresses.

Cela n'est visiblement pas le cas. Et ce n'est pas faute de présence ou d'animation de la part de l'auteur.

L'animation d'un projet de crowdfunding, tous les auteurs le savent, est quelque chose de nerveusement exigeant. On passe par des phases de grande joie, par d'autres de découragement. Et, sur le long terme, c'est particulièrement usant.

Bruno Madaule a donc décidé, avec notre accord, d'avancer la date de clôture du financement des "Givrés". Celui-ci se terminera le 29 février. Si vous avez envie que ce projet voie le jour, vous pouvez encore tenter, avant ce terme, d'amener de nouveaux lecteurs en communiquant sur les réseaux sociaux ou par d'autres moyens, bref en faisant du bruit. En espérant que cela permette à nos sympathiques pingouins d'enfin connaître les joies d'une édition en album.

20

09 février 2016

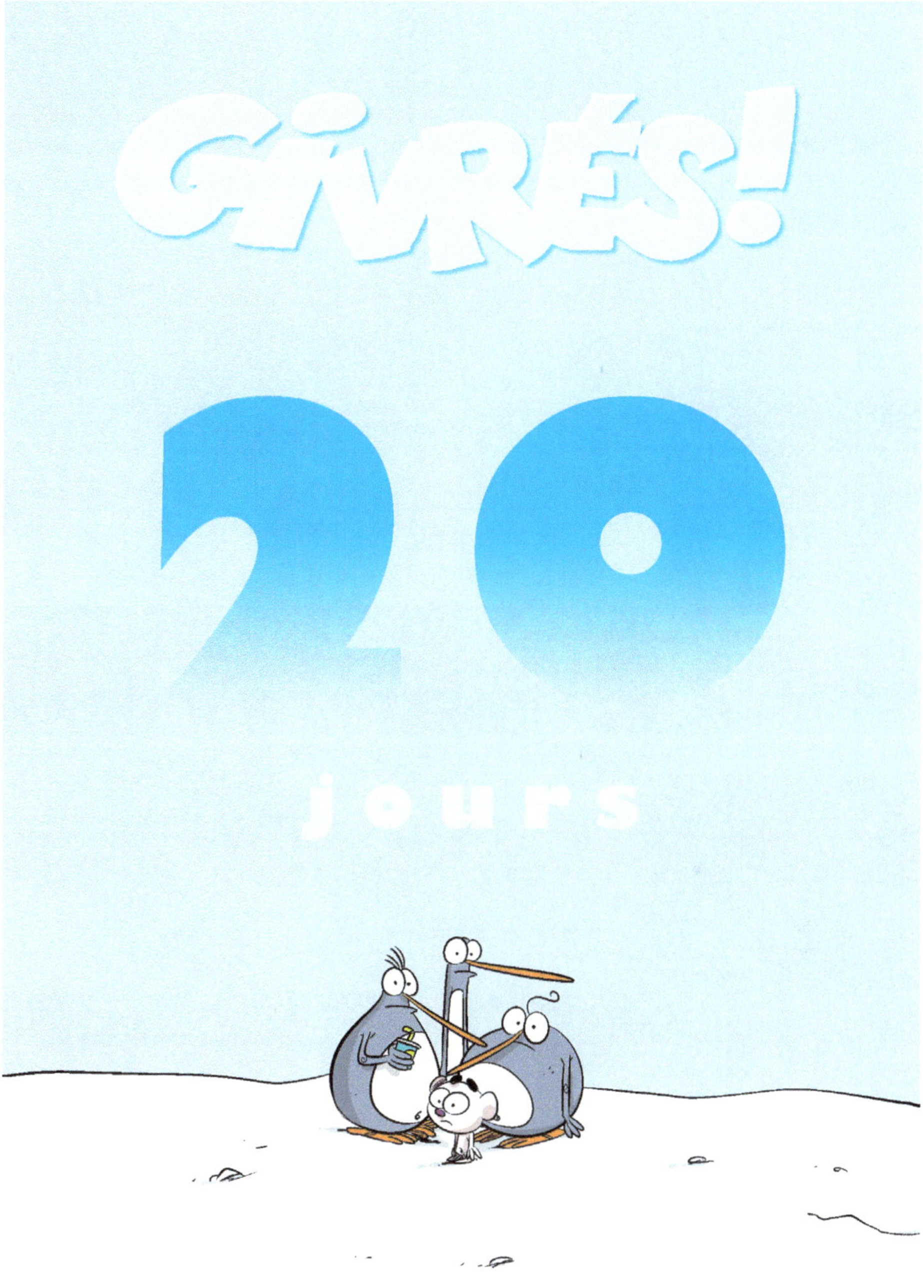
GIVRÉS!
20
jours

Le compte à rebours à commencer. Tic tac tic tac…
Merci à tous les nouveaux venus et aux autres qui continuent de soutenir le projet.

15

14 février 2016

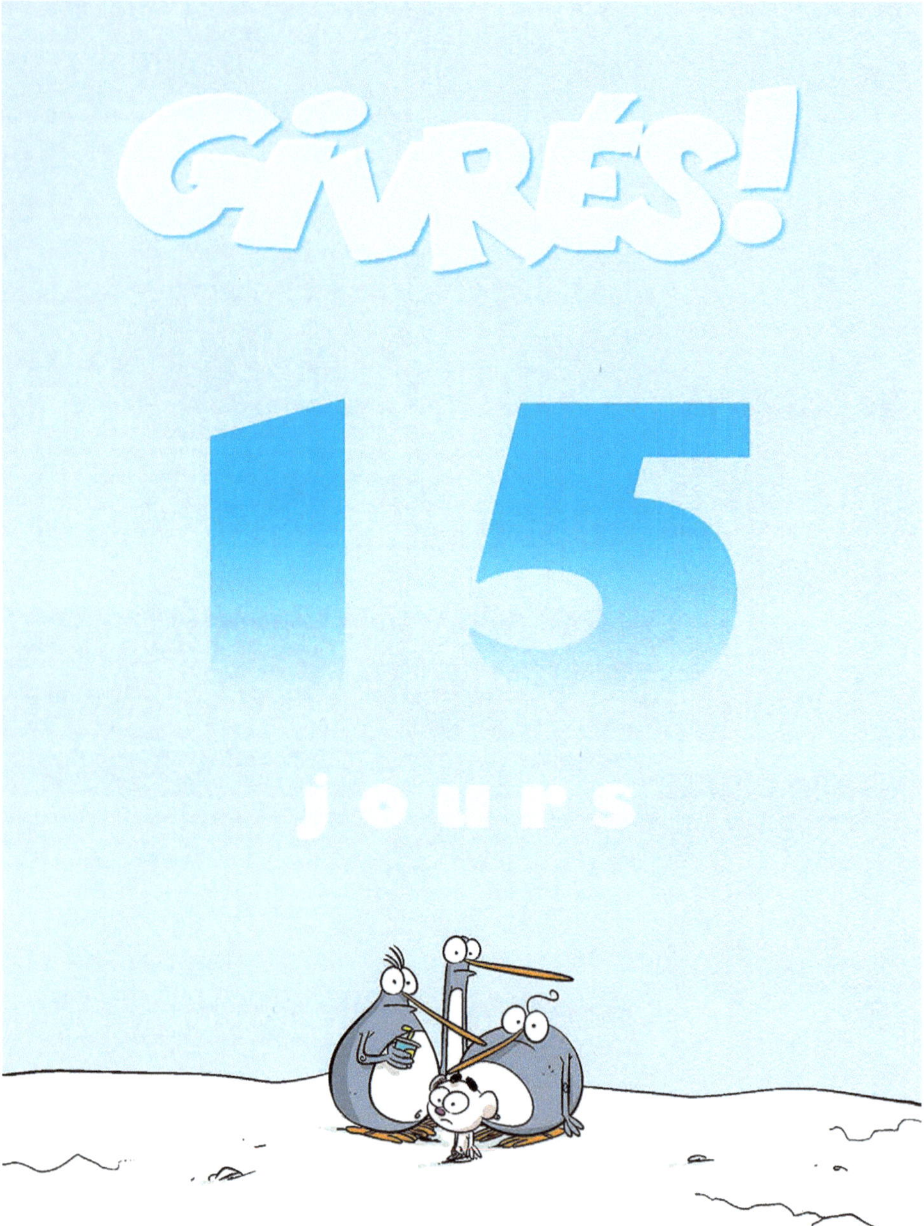

GIVRÉS!
15
jours

12
17 février 2016

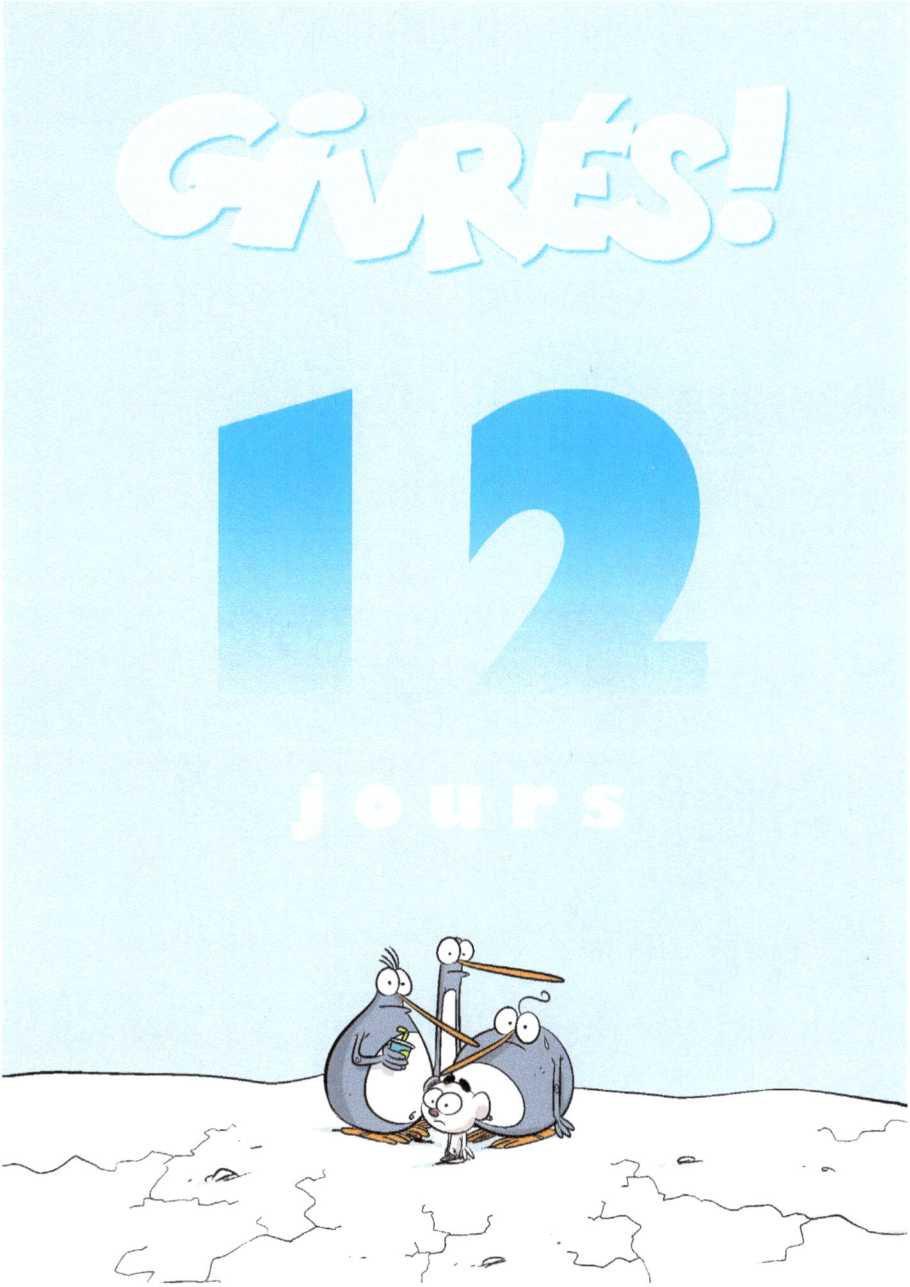
GIVRÉS!
12
jours

POINT INFO

24 février 2016

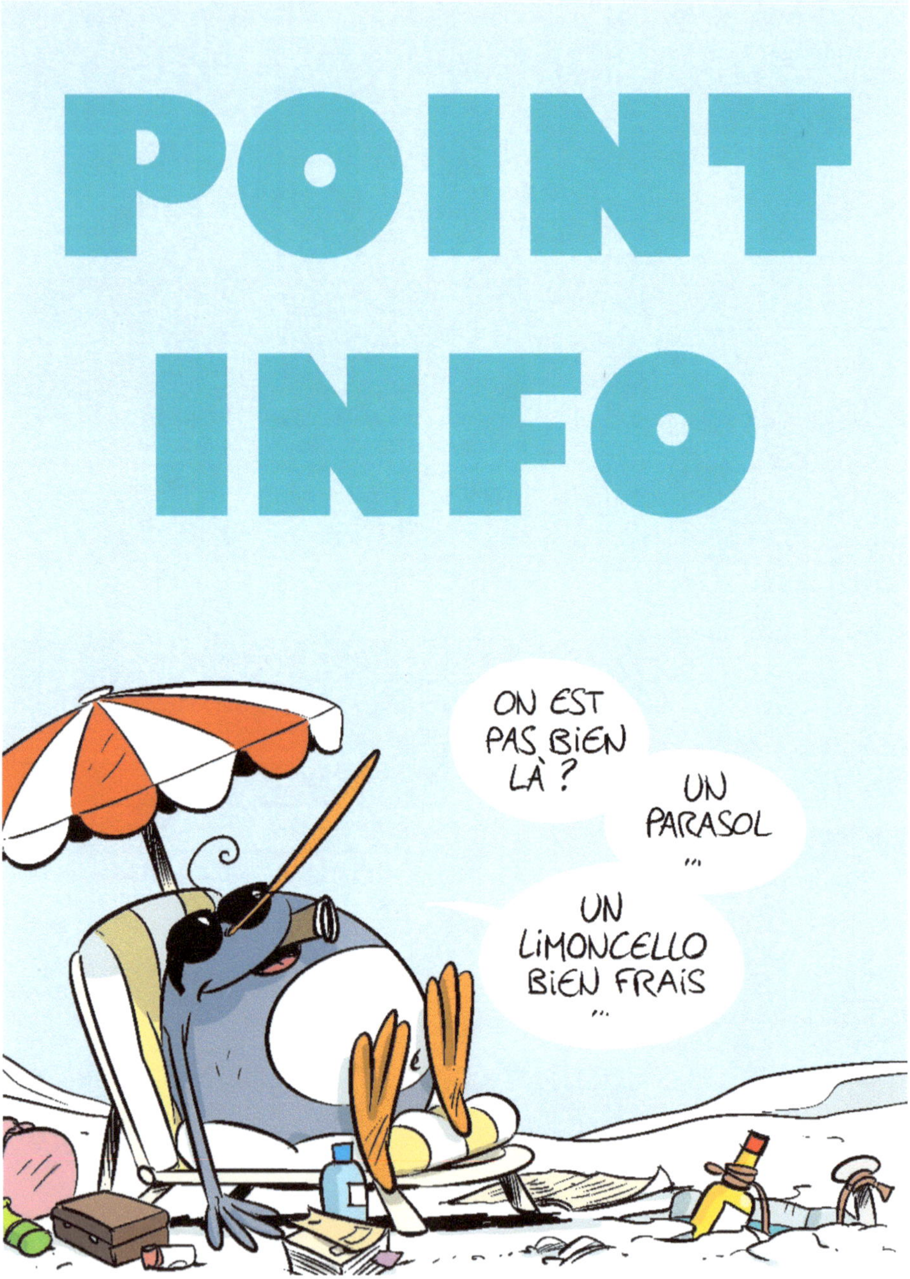
POINT INFO
ON EST PAS BIEN LÀ ?
UN PARASOL ...
UN LIMONCELLO BIEN FRAIS ...

Par petits points infos, je vais vous tenir au courant de l'avancement du projet jusqu'à la réception de votre colis dans vos boîtes aux lettres !

Les corrections et les relectures sont sur le point de se terminer.

La maquette de l'intégrale va donc pouvoir commencer.

POINT INFO 2

28 février 2016

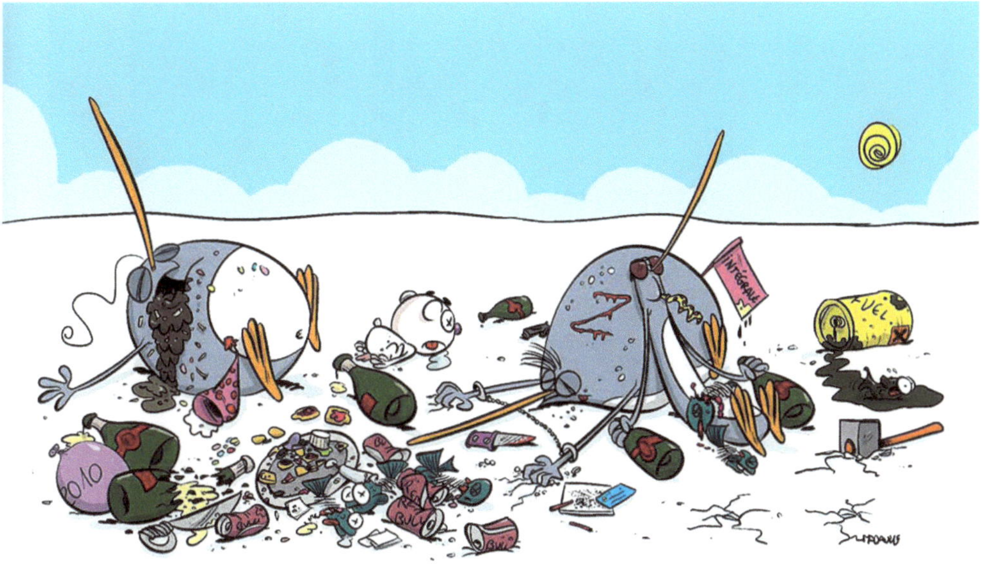

Eh bien, voilà ! Les Givrés ont déjà commencé la fête — et sans nous, en plus !
Problème ! Ils ont grignoté les fonds pour l'intégrale !
Oui, je sais, c'est scandaleux... Mais, que voulez vous ? Je ne les tiens plus...
Du coup, je suis obligé de faire une rallonge de 20 jours pour trouver de nouveaux fonds.
Bon, je retourne m'occuper d'eux, je ne dois pas les lâcher d'une semelle.

UNE AQUARELLE AUX ENCHÈRES !

17 février 2016

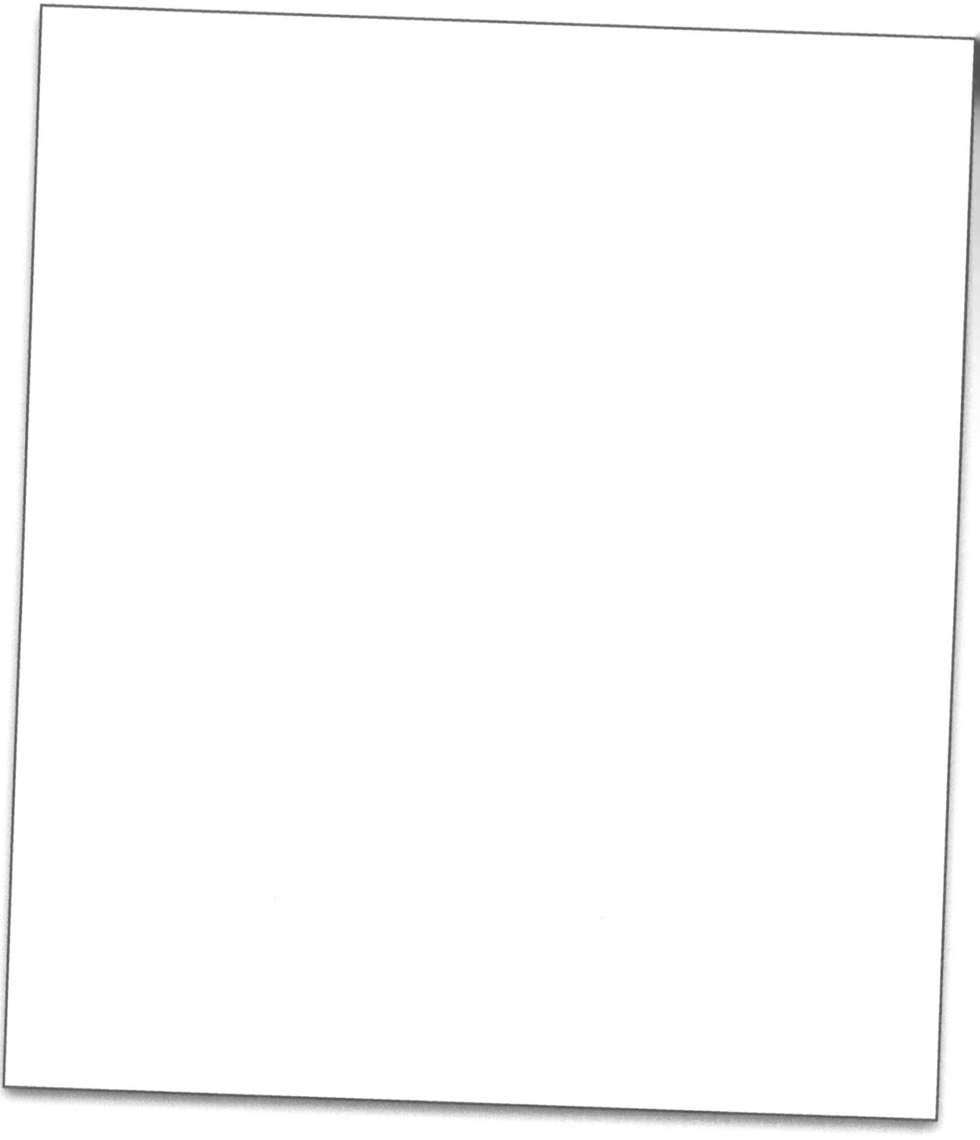

Bon, pour booster un peu le financement, je lance une enchère pour une superbe aquarelle d'un détail de la banquise vue d'avion.
Vous pouvez admirez la technique et les détails d'une précision inégalé à ce jour.
Mise à prix: 4500 euros.
Durée de l'enchère: 5 minutes à partir du dépôt du post.

L'aquarelle sera signée par l'auteur.
Format: 20 cm x 20 cm

www.ingramcontent.com/pod-product-compliance
Lightning Source LLC
LaVergne TN
LVHW010030070426
835508LV00005B/285